U0621745

民营企业高管团队特征对企业绩效的影响研究

郭吉涛 著

中国财经出版传媒集团

图书在版编目（CIP）数据

民营企业高管团队特征对企业绩效的影响研究/郭吉涛著. —北京：经济科学出版社，2018. 11
ISBN 978 -7 -5141 -9884 -3

Ⅰ. ①民…　Ⅱ. ①郭…　Ⅲ. ①民营企业 - 管理人员 - 影响 - 企业绩效 - 研究 - 中国　Ⅳ. ①F279. 245

中国版本图书馆 CIP 数据核字（2018）第 247959 号

责任编辑：申先菊　周建林
责任校对：蒋子明
责任印制：王世伟

民营企业高管团队特征对企业绩效的影响研究
郭吉涛　著
经济科学出版社出版、发行　新华书店经销
社址：北京市海淀区阜成路甲 28 号　邮编：100142
总编部电话：010 - 88191217　发行部电话：010 - 88191522
网址：www. esp. com. cn
电子邮件：esp@ esp. com. cn
天猫网店：经济科学出版社旗舰店
网址：http：//jjkxcbs. tmall. com
北京季蜂印刷有限公司印装
710 × 1000　16 开　12. 25 印张　260000 字
2018 年 11 月第 1 版　2018 年 11 月第 1 次印刷
ISBN 978 - 7 - 5141 - 9884 - 3　定价：68. 00 元
（图书出现印装问题，本社负责调换。电话：010 - 88191510）

前言

PREFACE

改革开放40年以来，中国民营经济获得了极其快速的发展，无论是从企业数量上还是对社会经济贡献上，已成为中国市场经济建设中不可或缺的力量，但从民营经济蓬勃发展及民营企业不断发展壮大的过程中，不难发现民营企业经营业绩的不稳定性和差异性表现得十分突出，既有十分成功的企业，也不乏失败的案例。伴随着民营经济的发展及其对中国经济影响的不断扩大，探寻民营企业的成长规律及经营业绩的影响因素成为学术界和企业界十分关注的话题。早期人们关注的焦点比较集中于民营企业外部的制度约束，近些年，随着我国民营企业的外部经营条件逐步好转、制度环境的逐步宽松，人们的关注点也随之逐步转移到企业内部的组织、治理、管理层面。民营企业如何突破自身局限，克服内部治理、管理瓶颈，使企业能够顺利发展并获得好的经营绩效，是当前学术界和民营企业家自身都在思考的问题。

目前，从国内外已有的对企业绩效的研究来看，比较一致的看法是高层管理者作为企业最重要的资源，对企业战略决策和战略执行有显著影响，进而影响了企业绩效。Hambrick 等于 1984 年提出了高阶理论，该理论认为企业高管团队是影响企业发展的核心因素，只有以此作为分析单位，才能探析企业战略选择和绩效差异的深层次原因。而高管团队的特征会影响到组织绩效与战略选择，团队成员不同的认知基础、价值观、洞察力以及这些特质的作用过程会影响到组织的竞争行为。高阶理论将人口特征作为上述特质变量的替代变量，并推断这些特征将会影响高管团队的稳定、企业战略的实施以及企业绩效。高阶理论在高管团队研究方面具有划时代的意义。该理论改变了以前一直从管理者个人角度来考虑组织绩效和战略选择但无法通过实证研究来证实的窘境。自此，高管团队特征及其在战略管理中的作用对企业绩效的影响成为学术界研究的热点，并引起了企业界的广泛关注。各国学者纷纷围绕高阶理论框架展开了各种理论和实证研究并进行了相应的理论扩展，但该理论是基于成熟的市场经济国家的企业经营环境和企业管理实践提出的，而对其在处于转型经济国家及新兴市场中的适用性并没有给出明确的、科学的分析。由于处于转型经济和成熟经济中的企业的企业行为及经营运作过程明显不同，其高管团队的构成、运作过程及对组织绩效的影响也不尽相同。此外，不同经济类型、不同国家的企业在高管团队背景特征和团队动力学方面存在差异。因此，当这一理论运用到新环境中时，由于扩大了对理论的理解，这些理论的局限性将会更加明显。这也导致我国专家学者在研究国内企业高管团队特征对企业绩效影响时，得到的结论与国外存在差异，即使对国内企业不同学者得到的结论也不尽相同。

显然，中西方在文化上存在巨大差异，此外，相对于西方发达国家来说我国所处制度和经济环境还不太完善，因此，我国的高管团队表现出来的特征及运作过程会与西方国家存在差异。相对于其他类型企业，我国民营企业表现出股权和权力更加集中，民营企业特别是一些集所有权与经营权为一体的家族或准家族企业，体制等相关情境变量的干扰较少，高层管理者具有更大的自主性与灵活性，企业领导者行为对企业绩效的影响应该更为突出。

“民营”的特殊性决定了民营企业的公司治理问题与其他类型企业存在差异。民营企业高管团队作为企业重要决策的制定者和实施者，影响着企业的发展命运。不过，由于我国的民营企业不是严格以标准的市场化要素契约为组织基础的经济组织，它是一个以“人格化”特殊关系作为缔约前提的社会组织，其“约前关系”对高管团队行为及其高效运作的影响相当明显。在“民营化”特征的影响下，我国民营企业 TMT（Top Management Team，高管团队）的特征及其运作过程会对企业绩效产生什么样的影响；如何通过改变 TMT 的人口特征指标来组建合适的高管团队，使之企业绩效最大化；TMT 特征企业绩效间的关系是否受到企业规模、环境不确定等因素的影响等问题的解答，有利于厘清民营企业 TMT 对企业绩效影响的本质关系，发现居于二者之间的中间机制因素，探明民营企业 TMT 与企业绩效之间关系的内在机理，才可以为民营企业绩效的改善和 TMT 各项特征指标的合理界定提供科学可靠的理论支持。

因此，本书以民营企业为切入点，基于高阶理论、团队运作理论、绩效差异理论、战略管理理论、社会学和心理学等理论，运用归纳演绎、理论推导、实证分析等研究方法，分析了民营企业高管团队的同质性特征和异质性特征对企业绩效的影响，以及 CEO 特征、环境不确定性、企业规模、薪酬满意度等因素对它们之间关系的调节作用。

本书主要包含以下创新点。

（1）研究结论比已有研究成果更进一步，应能更好地解释我国经济转型期民营企业高管团队出现的问题，为民营企业组建高效的高管团队提供借鉴意义。

（2）重点探讨我国民营企业文化特征，例如，关系取向、权威取向、圈子文化，制度环境等对企业高层管理团队的特征、运作的影响，以及这种影响最终在企业绩效上的表现，本书的实证研究结果会丰富我国民营企业高层管理团队研究的内容，改变以往单个对象研究造成的非系统性及不适用性的缺陷。

（3）主要从民营企业高管团队运作过程和社会心理学两个角度来分析 TMT 特征对企业绩效的影响，并考虑了环境不确定性、

CEO 特征、薪酬满意度等因素的调节作用。

我国民营企业独特的文化特征和管理特征必然会导致以西方经济为基础的高管理论在我国民营企业适用上的局限性。因此，本书有可能丰富我国民营企业高管理论。

本书研究的主要意义在于进一步丰富和发展了我国民营企业的 TMT 理论，揭示了民营企业 TMT 特征对企业绩效的影响机理，为我国民营企业组建高管团队提供理论借鉴。

本书由齐鲁工业大学（山东省科学院）轻工产业技术经济协同创新中心、工商管理学院硕士生导师郭吉涛博士撰写定稿，齐鲁工业大学（山东省科学院）硕士研究生郑岚清同学对本书做了大量文字校对工作。本书采纳了山东省软科学研究计划项目（2016RKB01373）和山东省社科规划课题（17CQXJ07）部分调研成果并进行了深化和延伸。本书出版得到了齐鲁工业大学区域创新与可持续发展研究基地的资助。在此一并表示感谢。

本书结合中国民营企业高管团队特征的演进过程和传统文化特征，紧密联系我国民营企业高管团队运作特征与企业绩效等实务，抓住重点，突破难点，把握关键。本书不仅是作者多年的企业管理经验的总结，更是在对大量的民营企业管理专家和心理学家的调研、咨询的基础上进行数据分析完成的，可作为企业管理人员、人力资源部门人员的学习用书。

由于时间和能力所限，书中若有不尽成熟或错误之处，恳请读者批评指正，不吝赐教，以利于作者的改进和完善。

郭吉涛

2018 年 8 月

目录

CONTENTS

第 1 章

绪　论

本章主要阐明本书的研究背景、引出研究的问题、研究的目的，并界定研究对象与范围、研究涉及的主要内容、关键概念及思路框架、拟采用的研究方法和技术路线，最后是本书的结构安排。

1.1　选题的研究背景、目的和意义

1.1.1　研究背景

1. 中国民营经济的迅猛发展及民营企业绩效的巨大差异为研究提供了现实基础和研究空间

改革开放40年以来，中国经济获得了极其快速的发展，民营经济成为推动中国经济快速发展的重要力量，无论是从企业数量上还是对社会经济的贡献上，已成为中国市场经济建设中不可或缺的力量，但从民营经济蓬勃发展及民营企业不断发展壮大的过程中不难发现民营企业经营业绩的不稳定性和差异性表现得十分突出，既有十分成功的企业，也不乏失败的案例。

伴随着民营经济的发展及其对中国经济影响的不断扩大，探寻民营企业的成长规律及经营业绩的影响因素成为学术界和企业界十分关注的话题。早期人们关注的焦点比较集中于民营企业外部的制度约束，近些年，随着我国民营企业的外部经营条件逐步好转、制度环境的逐步宽松，人们的关注点也随之逐步转移到企业内部的组织、治理、管理层面。民营企业如何突破自身

局限，克服内部治理、管理瓶颈，使企业能够顺利发展并获得好的经营绩效，是当前学术界和民营企业家自身都在思考的问题。

与国有企业不同，民营企业的最终控制人为个人，其高管的任命不受制于政府，聘用具有政府背景的高管是企业自身行为。另外，企业的运营不受政府的直接干预，不用承担政府的“社会功能”（吴文锋等，2008）。民营企业表现出股权和权力更加集中，民营企业特别是一些集所有权与经营权为一体的家族或准家族企业，体制等相关情境变量的干扰较少，高层管理者具有更大的自主性与灵活性，企业领导者行为对企业绩效的影响也更为突出（鞠芳辉等，2008），民营企业权力运作的实际情况经常是：CEO 主导下的 TMT 一般被认为是实际上的企业权力中心（Geneen，1984）。事实上，一方面，我国民营企业在经营业绩的稳定性上表现出来的差异，可能是由于民营企业的控制权过于集中，高管团队（Top Management Team，TMT）对企业的经营业绩承担更大的责任，高管团队的特征不同，使得战略决策和执行产生了差异，从而导致了民营企业经营绩效上的巨大差异。

另一方面，处于转型期的我国民营企业由于发展历史较短，相对于西方发达国家来说所处制度和经济环境还不太完善，与此相对应的民营企业的高管团队同质性和异质性特征及其表现出来的管理特征的差异性比较显著，这种差异性带有强烈的个人色彩，为研究模式的选择带来了很大的难度，但也为研究中国特色的高管团队特征提供了充足的探索空间和大量的异质性样本。

2. 东西方文化的差异，使得高阶管理理论在不同情景下的有效性需要进一步的验证

高层管理者作为企业最重要的资源，对企业战略决策和战略执行有显著影响（Hambrick et al.，1984）。高层管理者的特质及其在战略管理中的作用对企业绩效的影响成为学术界研究的热点，并引起了企业界的广泛关注。

Hambrick 和 Mason（1984）开创的高阶理论（Upper Echelons Theory）成为研究高管团队与企业绩效之间关系的基础。高阶理论认为高管团队是影响企业发展的核心因素，只有以此作为分析单位，才能探析企业战略选择和绩效差异的深层次原因。对高管团队的研究主要有两种范式。其一，是研究高管团队的人口统计特征与企业绩效关系的范式。高阶理论以有限理性为前提假设，突出了企业高层管理者人口统计学特征所表征的认知模式对业战略选择的决定作用，并通过所选择的企业战略次第地对企业绩效施加着重要影

响。也就是说，作为企业战略决策的制定者，高层管理者的个人特性可以有效地解释企业管理结果（企业战略选择和绩效），一定程度上决定了具体企业的运作状态及其特点，结果企业成为高层管理者的反映体，这也是高阶理论的核心。其二，是研究高管团队内部间的运作过程对企业绩效影响的研究范式。Buchholtz 和 Amason 认为高层管理者团队的整合和协调会对企业的绩效产生影响，具体内容包括团队冲突、一致性、团队沟通、社会整合等。

上述研究范式对丰富高阶理论很有价值，但在微观层面上关于民营企业高管团队特征对企业绩效影响的研究文献却不多见。值得注意的是，Hofstede（1980）和 Hofotede&Bond（1988）认为，高管团队的领导行为作为文化下的一种特殊现象，领导的内涵、领导作风及效果必定受文化的影响，管理者的领导行为在大多数的情况下会反映其文化价值，同时领导行为的效能也会受限于社会网络的影响。由于中西方文化价值观上的不同，在现代企业管理方式上也存在很大的差异，主要表现在以下几个方面：①在管理者的决策方式上有个体倾向和群体倾向的差异。②在管理模式上存在权变管理和保守管理的差异。③在管理理念上，西方企业管理主张不论亲疏、不分远近，一律统一于整齐划一的组织制度和纪律，理性管理在其管理理论中占据绝对地位；而在中国的企业管理中更多地体现感性的特征，企业的管理模式建立在以人文关怀为本位的社会伦理秩序的基础之上，以人本、关爱及中和为原则，渗透着感性的人文关怀。④在实现绩效目标方面，西方企业管理者在管理中善于培养员工的独立开创能力，管理目标倾向于提高个人的工作绩效；而中国文化强调团队合作，中国企业管理者在管理过程中注重发挥团队协作的精神，管理目标倾向于提高员工的整体的工作绩效（赵国良等，2007）。因此建立在西方价值观及西方经济基础之上的高阶理论是否完全适应于中国，在实践中是否可以照搬移植到我国的企业还需要进一步的验证。

民营文化和民营力量的存在是我国民营企业有别于其他类型公司的独特之处。相较非民营企业而言，由于民营企业具有更大的自主性与灵活性，再加上中国特色的成长历史及管理环境的影响，使得我国民营企业高管团队对企业绩效的影响与其他非民营企业可能会有所不同。因此，本书认为，在微观层面上研究民营企业高层管理者对企业绩效的影响，不仅有助于理解中国民营企业经营业绩的差异及其成长路径，而且也可以深化对民营企业高层管理者资本功效的认识。

3. 民营企业 TMT 特征对企业绩效的影响的作用机理，国内外还缺乏足够的理论与实证研究

以往研究多以 TMT 的人口统计学特征为自变量，以企业各种财务指标为因变量，来验证它们之间的相互关系，而对二者之间发生作用的内在机理的研究还有所欠缺，导致研究的结论出现较大的差异。正如 Priem 等所说，由于与生俱来的缺陷，这种研究方法正在逐渐淡出目前的 TMT 研究。Edmondson 等在 2003 年研究了高管团队组成与任务情景的交互作用，提出可以用具体情景信息和兴趣的不对称分布来解释以往出现的人口统计特征与绩效研究中的大量模糊结果。Ensley，Pearson 和 Amasonc 在 2002 年将内聚力和冲突两个过程因素引入 TMT 研究，提出了高管团队动力模型。如何整合 TMT 特征变量和过程变量，使两者在 TMT 与企业绩效关系中融合起来是今后研究必须要考虑的问题（熊毅，2009）。即未来的研究需要更加关注 TMT 特征变量对企业绩效的影响机制和影响过程，以便能更好地理解 TMT 特征的内在作用方式。

对于民营企业的绩效而言，TMT 特征作为独立的变量，必须通过能够连接 TMT 特征与企业绩效的中间变量的作用，才能对企业绩效变量产生影响。此外，从已有国内外研究成果来看，TMT 特征在不同的情景变量中，对企业绩效变量影响程度不同。因此，只有准确把握民营企业 TMT 特征在不同情景变量中对企业绩效影响的作用机理和作用过程，找准其中的调节变量，才能在理论上探讨 TMT 特征对我国民营企业的适用性，为促进民营企业健康可持续发展提供具有参考的理论架构与实务建议。

总之，“民营”的特殊性决定了民营企业的公司治理问题与其他类型企业存在差异。民营企业 TMT 是企业重要决策的制定者、决策者和实施者，这些决策影响着企业的发展命运。因此，关于企业 TMT 的人口统计学特征与企业绩效之间的关系研究，成为战略管理领域和企业高层管理领域新的热点。不过，由于我国的民营企业不是严格以标准的市场化要素契约为组织基础的经济组织，它是一个以“人格化”特殊关系作为缔约前提的社会组织，其“约前关系”对 TMT 行为及其高效运作的影响相当明显。在“民营化”特征的影响下，我国民营企业的 TMT 运作机理是什么及其特征会对企业绩效产生什么样的影响？在市场动态性日益加剧的今天，民营 TMT 的稳定性受到挑战，TMT 的政治、教育、性别、年龄等特征是否应作为选拔高管人员，提高 TMT 效率来适应市场动态竞争的步伐，从而提高企业绩效的主要考虑因素？TMT特征的各个指标是多少才适合企业绩效提高和改善的需要？TMT特征与企业绩效间的关系是否受到企业规模、TMT人数、行业竞争性、企业所在地域的影响？面对诸如此类问题和质疑，争论纷纷。在今天的企业经营环境下，关注民营企业TMT特征与企业绩效关系研究，有利于厘清民营企业TMT与企业绩效之间的本质关系，发现居于二者之间的中间机制因素，探明民营企业TMT与企业绩效之间关系的内在机理，从而为民营企业绩效的改善和TMT各项特征指标的合理界定提供科学可靠的理论支持。

1.1.2 研究的目的和意义

本书的研究目的是探究在中国文化与社会经济背景下，民营企业TMT特征在哪种情景中可以产生好的绩效及其作用机理，以期为国内民营企业TMT特征与企业绩效的关系提供理论与实证依据。

研究民营企业TMT特征对企业绩效的影响对中国民营企业具有较强的理论指导意义和实践意义。

在理论层面上，通过本书可以验证高阶理论在中国文化背景下的有效性。现有的高管团队特征与企业绩效的相关研究主要是基于高阶理论而展开的。但是截至目前，基于高阶理论问题的相关研究，主要是在西方社会文化背景和规范有序的场环境下进行的，并且很少有文献针对中国民营企业进行系统规范研究。那么，由此得到的关于TMT特征与企业绩效关系的相关理论结论，也就不可避免地具有明显的西方特征或国企特征，在理论的适用上也会出现相应的狭隘性（李金早，2008）。有研究发现TMT人口统计学特征对企业绩效的解释力存在着国别的显著性差异（Crossland & Hambrick，2007）。这说明，企业所处的社会文化、市场、行业竞争性等宏观环境因素可能对TMT特征与企业绩效关系起着显著的调节作用。处于转型期的中国民营企业，不仅在社会文化等背景特征方面与欧美等发达经济体之间差异悬殊，而且与国内其他类型企业相比在经营环境、企业文化、企业发展模式等方面也存在不小的差别。所以，我国民营企业所依存的社会市场等宏观环境因素的独特性，对于检验TMT的相关理论结论，进而发展形成中国背景下的民营企业TMT特征与企业绩效的理论结论，提供了难得的条件和机会。其次，通过验证各种中介变量和调节变量的作用可探究民营企业TMT特征通过哪种机制对企业绩效产生影响。通过研究探明民营企业TMT特征与企业绩效之间的中间机制因素及TMT特征向企业绩效转化的内在机理，有助于提高民营企业TMT特征相关理论的效力。此外，通过考察民营企业TMT特征对民营企业绩效的影响，发现适合中国文化特点的民营企业高阶理论及西方高阶理论在我国民营企业适用的条件，进一步丰富和发展高阶理论。

在实践层面，本书通过动态分析企业高管团队的人口统计学等特征对企业绩效的影响，有利于厘清民营企业TMT与企业绩效之间的本质关系，发现居于二者之间的中间机制因素，探明民营企业TMT特征与企业绩效之间关系的内在机理，从而为民营企业绩效的改善和TMT各项特征指标的合理界定提供科学可靠的理论支持，为民营企业满意绩效的长期维持提供操作性的建议，对指导我国民营企业组建高管团队，通过加强TMT建设促进企业绩效提供良好的借鉴意义。

1.2 相关文献综述

1.2.1 高管团队的相关研究

对高管团队的研究以Hambrick与Mason（1954）提出的“高阶理论”为标志开始的。此前对高层管理者的研究主要针对领导人个体，主要研究领导人个体特征对组织绩效的影响。

1. 高阶理论——高管团队研究的基础和起源

企业高管是否对企业绩效起决定性的影响及其如何发挥作用、从团队层面上高管团队如何发挥高效的作用使之产生更好的绩效一直是战略理论、组织行为理论和领导力理论研究的重要内容，但由于研究对象的特殊性，心理等变量难以准确取得，导致20世纪80年代以前的描述仅限于理论的概述和推导，无法进行实证分析。Pfeffer（1983）发现根据人际交往中的“相似相吸”原则，可以利用人口特征模型来研究高管团队的稳定性。

Hambrick与Mason（1984）对Pfeffer的研究进行了重要扩展，提出了“高阶理论”。该理论的基本观点是高层管理团队的特征会影响到组织绩效与战略选择，团队成员不同的认知基础、价值观、洞察力以及这些特质的作用过程会影响到组织的竞争行为。因而有必要理解整个领导团队的背景、经验及高层管理者的价值观。由于认知基础、价值观、洞察力等特质是难以测量的，高阶理论借鉴关于团队人口特征的已有研究，将人口特征作为上述特质变量的替代变量，并推断这些特征将会影响高管团队的稳定、企业战略的实施以及企业绩效。高阶理论研究的重点是整个高层管理团队，而非高层领导者个人，该理论同时指出，团队构成、运作过程、结构、激励和团队领导者是高管团队的5个核心要素。其中团队构成与结构主要是指高层管理团队的人口统计特征（如年龄、任期、教育水平等）及权利分配；高层管理团队的运作过程则包括团队成员之间的协调、沟通、冲突处理、领导和激励等行为。

从理论上讲，Hambrick 与 Mason 的高阶理论在高管团队研究方面具有划时代的意义。该理论改变了以前一直从管理者个人角度来考虑组织绩效和战略选择但无法通过实证研究来证实的窘境。高阶理论的出现为国内外学者提出了新的研究角度。自此，以 Amason，A. C.，Bantel，K. A.，Finkelstein 等为代表的各国学者纷纷围绕 Hambrick 和 Mason 提出的理论框架展开了各种理论和实证研究并进行了相应的理论扩展。

2. 高管团队概念研究概述

自1984年 Hambrick 和 Mason 提出“高阶理论”以来，学者往往依据本国的企业治理体制对 TMT 进行界定。

Fredrickson（1984）把高层管理团队定义为由 CEO 讨论确定，并在关键经营决策中发挥常规性效用的经理人团队。Mare Hequet（1994）则认为高层管理团队即所有的成员分享同一愿景、成员彼此之间的专业技能是互补的，其必须担负策略及营运上的责任，实践高层管理人员的承诺、产品的承诺以及策略和规划上的承诺。而在实证研究中，Hambrick（1995）认为高层管理团队成员应包含 CEO，其辖下两个阶层的直线管理人员、参谋人员和高层营运经理。Hambrick & Theresa（1996）又在其研究中把高层管理团队定义为副总裁层级以上的所有经理人，包括副总经理、总裁、总经理等，此操作性定义被普遍采用。

国内孙海法和伍晓奕（2003）提出了企业高层管理团队是指那些良性互动、认同共同目标、资源整合优化、高效能的领导班子。高层领导团队具有团队概括性的特征，也有其独特的区别于一般工作团队的特征。魏立群和王智慧（2002）将高层管理团队的成员界定为具有总经理、首席执行官或者总裁头衔的高级管理人员，以及那些具有副总经理、副总裁、总会计师或者首席财务总监等头衔的高级管理人员。王飞，张小林（2005）在《企业高层管理团队国际化的研究》中，将高层管理团队定义为是由那些参与公司经营决策和战略决策的一个小群体，包括董事长、总经理、各部门总监（如人力资源总监、运营总监）等。众多研究学者出于便于操作和能够获得有效数据方面的考虑，普遍运用根据管理者的头衔和所处管理层级界定高层管理团队的方法。此外，《中华人民共和国公司法》中明确指出：高级管理人员是指公司的经理、副经理、财务负责人及上市公司董事会秘书和公司章程规定的其他人员；还规定董事会有权决定公司的经营计划和投资方案及制定公司基本管理制度、聘任公司经理。

3. 高层管理团队特征的研究

在高阶理论中，高层管理团队特征作为核心内容，自该理论提出以来一直是学者研究的重点内容。梳理以往学者的研究成果，对高管团队特征的研究主要从人口统计特征（平均值）、结构特征、多样化特征三个方面对高层团队特征进行了系统的研究。

（1）人口统计特征的相关研究。高层管理团队往往是通过集体决策活动来组织运作的，因为个人决策通常以认知背景为基础，而高层管理团队成员的人口统计特征为 TMT 的战略决策提供了认知基础，因此长期以来高层管理团队的研究主要集中在人口统计特征上。

高层管理团队成员人口统计特征主要是因为其提供了 TMT 战略决策时的认知基础，从而在 TMT 的研究中受到了普遍的关注。Hambrick & Mason（1984）认为人口统计特征是认知基础质量的指标；Kallalas & Groves（1979）把人口统计特征作为“信念”和“价值”的预测指标；Wiersema & Bantel（1992）则认为团队的人口统计特征（包括年龄、任期、任职时间、教育水平、专长等）代表了团队的整体视角，能够在一定程度上预测团队成员对变革的接受度和愿意冒风险的程度。国外学者（Smith et al.，1994）研究表明，传记性特征对组织革新、战略、领导者更替以及组织绩效有重要的影响。

Wiersema 和 Bird（1993）认为，由于人口特征影响的是个人的社会化过程并进而影响组织产出，不同文化背景下个体对人口特征差异心理冲击的感知是不一样的。在以集体主义为主的东方文化中，个体可能对团队异质性的忍耐程度比较低。另外，企业内部劳动力市场也是影响个体差异感知程度的重要因素，当面临来自潜在竞争对手的较大压力时，高管个体对团队异质性造成的不舒适感的忍耐程度可能要高于那些地位比较牢固的高管。Carpenter 等（2004）提出了多理论整合模型，认为高管人口特征与组织产出之间还存在被高阶理论所忽视的调节变量。

高管团队人口统计特征方面的早期实证研究关注的是人口传记特征与公司行为（公司变革）及公司绩效的关系（Halebhan et al.，1993）。但是，随着研究的深入，发现前面的研究忽略了高管团队组成特征如何影响组织绩效的理论解释（姚振华，2010）。高管团队组成特征与运作过程特征、组织绩效关系的解释在理论上非常模糊，缺乏相对应的实证研究（Lawrence et al.，1997）。从 20 世纪 90 年代后期开始，高管团队研究越来越关注 TMT 人口统计特征与团队行为关系进而影响战略决策和企业绩效方面的研究。

（2）结构特征的相关研究。对于 TMT 结构特征，（Anders Edstrom et al.，1977）在组织设计文献中通常分为两种类型设计：一种是水平型设计，另一种是垂直型结构。水平型 TMT 是指 TMT 的每个成员都通过对他（她）所负责的功能领域负全责来影响整体公司绩效；而垂直型 TMT 结构是指通过 TMT 成员在战略决策上的等级关系来影响整体公司绩效，这种类型通常又称为 CEO 结构（Talauliear et al.，2005）。同时 Talauliear 等又提出 TMT 的部门型结构和 CEO 结构是相互依赖的，并且实证研究了水平型 TMT 结构可以增强战略决策的速度和综合性；而垂直型 TMT 结构会降低战略决策的综合性。Haleblina 和 Fnkielstein（1993）在研究 CEO 的主导作用对于公司绩效的影响时，发现高管团队的 CEO 结构对高管团队的信息加工能力有潜在的重要的影响作用，在动荡环境下，以 CEO 为主导的 TMT 结构会降低公司绩效。此外，Fiknelstein（1992）提出 TMT 权力的 4 个维度，结构权力、所有权权力、专家权力和声望权力。其中结构权力是最常见的权力类型，是基于正式的组织结构和等级权威（Hambrick，1981），CEO 由于有其正式的职位权利对其他成员有高的职位权力。这种权威允许 CEO 通过控制下属的行为来管理不确定。

（3）多样化特征。TMT 的多样性是指 TMT 的同质性和异质性的状态，它为团队决策过程提供了宽广的视角。所谓同质性结构是指团队成员在年龄、能力、知识等方面都比较接近，而异质性结构是指在上述各个方面特征的差异化。高管团队的同质性与异质性孰优孰劣并无定论。作为企业决策制定层和执行层的高管团队更具有异质性团队的特征（王道平，陈佳，2004）。Nicky Hays 认为 TMT 的异质性决定了团队成员的认识和心理过程。从而使 TMT 在进行战略决策时，每位管理人员的视角和分析问题的角度不同（Wiesrema & Bnaetl，1992），并最终影响企业绩效。Hambrick 等（1996）认为同质性适合解决常规问题，而异质性适于解决特殊问题，这是因为高管团队成员同质性能降低沟通障碍，使交流变得顺畅，但也会因思维趋同而遗漏机会，造成对战略问题不敏感。高管团队异质性可能在相反方向影响团队进程。如张小林和王重鸣（1997）通过研究发现差异性会有碍交流，对团队的凝聚力与团队沟通产生负面作用，并可能增加团队冲突与政治活动。但异质性可能会因决策选择的不同而增强创新性（杨林，芮明杰，2010）。如 Bantel 等的研究表明，高管团队成员教育和专业背景方面的多样性会产生好的战略决策。Katz（1992）和 Weik（1969）等研究得出团队成员的高度多样性有利于提高组织适应性能力。目前 TMT 多样化研究主要集中在高层管理团队的多样性来源及其作用。如有学者通过研究得出高管团队的多样化程度决定了跨业务单元经营后需要整合的程度，多样化后的相互依赖提高了 TMT 的凝聚力、公司运作的知识基础和公司绩效（Miehel et al.，1969）。Boone 等（2004）研究了 TMT 通过选择性离职来增加 TMT 的多样性，TMT 中高管人员的异质性特征越明显，越有可能离开团队。

Wiersema 等（1992）认为团队平均的人口统计特征（包括年龄、任期、组织工龄、教育水平、技术专长等）代表了团队的整体视角，可以在一定程度上预测团队成员对变革的接受度和愿意冒风险的程度。但近几年的研究同时发现 TMT 人口统计特征会影响公司全球战略姿态，如有学者提出 TMT 的国际工作经验、教育同质性、功能同质性、任期同质性影响了公司的全体战略视角。如国内学者何威风（2015）依据相似吸引理论分析认为，高管团队的垂直特征影响着权力的运用，进而影响了决策过程和效率。因此，要更好地理解 TMT 人口统计特征对于战略决策结果的影响，除了理解 TMT 人口统计特性的作用之外，还必须理解 TMT 多样化特征的作用。

4. 高管团队特征与高管团队运作过程关系的相关研究

高管团队的运作过程包括团队成员之间的协调、沟通、冲突处理、领导和激励等行为。对高阶理论前期的研究主要集中在人口统计特征及其多样化特征对组织绩效影响的理论预测上，但忽略了高管特征如何影响组织绩效的理论解释（姚振华，孙海法，2010）。随着组织结构由传统的层级式向以团队为基础的结构式的转型，团队运作过程在领导与组织效率中表现出越来越重要的作用（Zaccaro et al.，2001）。20 世纪 90 年代中期，学者们认识到了研究高管团队运作中介过程的必要性。有学者认为与团队传记性特点相比，高层管理团队运作过程更容易控制与转换，并且能在一定程度上克服传记性差异的负面作用。团队运作过程研究的最大争议是其是否提高了效率或改进了绩效，如降低成本、制定更优决策（Olfen et al.，1996）。自此，被称为高阶理论“黑匣子”的高管团队运作过程受到越来越多的学者的重视。

梳理已有的研究文献发现，对高管团队的运作过程的研究主要集中在高管团队行为整合、高管团队领导和高管团队冲突三个角度。

（1）高管团队的行为整合研究。1994 年 Hambrick 首次提出高管团队“行为整合”的概念，指出“行为整合”包括信息交换的数量与质量、合作行为和集体决策三个相互关联的核心要素。并且认为行为整合能够比较全面地抓住高管团队成员互动过程的核心变异。此后，高管团队运作过程研究进入了新的阶段。2005 年后，国际学术界对高管团队行为整合的研究氛围开始形成。出现了以 Simsek 和 Li 为主要代表的两种研究方法。Simsek 等（2005）研究重视行为整合的一致行为，主要以 Hambrick 提出的集体决策、团队合作、信息交换为基础，设计出 9 个测量题目进行实证研究，具有较强的理论探索贡献，但未能关注到高管团队决策现场的参与行为；而 Li 等（2005）强调行为整合的不一致行为，非常重视高管团队“不同意见”的决策参与行为，但忽略了团队合作和信息交换的内容。虽然，两种研究方法是从不同甚至相反的角度进行研究的，但这两种方法对高管团队的行为整合研究起到了重要的推动作用。Hambrick 于 2007 年指出，高管团队行为整合的实证研究是打开高阶理论运作过程“黑匣子”的钥匙。行为整合构念和测量研究，可以帮助形成高管团队运作的系统理论和操作流程，为形成决策参与制度、沟通制度和互动评价等高管团队运作过程制度提供指导。

国内对高管团队行为整合的研究还处于起步阶段，相关文献较少，主要以姚振华、孙海法为代表。2009 年姚振华和孙海法总结国外的高管团队研究成果后，把决策参与、开放沟通以及团队合作作为行为整合的三个维度，并从可观察行为的视角，把行为整合定义为“高管团队成员主动积极地分享信息、资源和决策的行为过程”。并以公共组织、国有企业、民营企业和欧美外企四类组织的 325 个高管团队为样本，从行为视角研究了高管团队组成特征与行为整合的关系，并得出高管团队规模、信任与高管团队行为整合变量显著相关；高管团队的多项异质性与行为整合显著负相关，这些异质性包括最高学历、海外学习考察时间、工作经历、每周工作时间、进入方式、团队任期、经营战略偏好等。成瑾、白海青（2013）利用扎根理论方法，选取国企、民企、外企各两家典型企业进行调研得出“智识导向”“和而不同”两个因素的互动作用形成了高管团队行为的有效整合。

（2）高管团队领导研究。团队领导是反映组织目标设置方式，以及发展组织、领导团队和组织文化的一种能力，体现高管团队核心人物的重要性（焦长勇、项保华，2003）。高管团队领导至关重要，他是团队与外部环境的中介，负责协调、整合、指导和激励员工，使团队胜利前进（Zaccaro，Klimoski，2002）。

Chase 等（1997）认为高管团队的领导效能与团队内聚力、绩效成正相关。Pecosolidio（2001）也认为高管团队"领头羊"作用不容忽视，即使是非正式领导的团队也比没有任何领导形式的团队有更高的绩效，这种情况在团队建立早期更为明显。这是因为高管团队最高领导者往往选择他了解并信任的人担任要职，从而使得分工明确、工作有序。Zaccaro（2002）总结出如果一个团队领导者设立较高的绩效目标，鼓励团队成员达到目标，并提出可行的行动战略且付诸实践，会比没有这样做的团队获得更高的团队效能和内聚力。

2005 年，Pearce 等提出了"共享领导"的概念，认为共享领导是由团队成员和指定的团队领导者共同执行的领导，是团队所有成员整体水平上表现出来的领导行为。共享领导模式是团队中具有高度影响力的领导者数量的一个连续体。共享领导是对垂直式领导的一个补充和完善，把两种领导模式有机结合起来，共同致力于提高团队的团体效能（沈秉勋，凌文辁，2009）。国内学者陈旭（2006）以三种最新的领导理论，即交易型领导、转换型领导和家长型领导为研究对象，讨论了不同类型团队领导对团队绩效的影响机理。朱少英和齐二石（2008）通过实证研究分析得出：交易型领导的奖惩分明对于研发能力提升及知识共享满意度有显著的正相关关系；转换型领导的关系导向和任务导向，对于知识共享绩效 - 目标达成程度、知识共享满意度及研发能力提升均呈正向相关关系。陈国权等（2009）认为团队领导行为对团队学习能力具有显著正面影响。

（3）高管团队冲突研究。芦慧和柯江林（2010）的研究认为 TMT 的构成可以预测团队沟通和冲突。组织、团队人口特征的多样性会造成内、外群体的出现以及个体的认知差异。而在人口统计特征中，年龄、性别、教育背景、种族等显性的变量比隐性的一些变量更常被个体用来作为自我分类的标准，团队学历、年龄、任期等方面的异质性会造成诸如成员对团队的满意度降低、凝聚力下降、团队内的交流与合作减少，从而引发冲突的负面效应（Williams，O'Reilly，1998）。

传统的观点认为，在高管团队运作过程中任何冲突都对团队带来不利影响，应该尽量避免（Medina，2005）。而 Jehn 等（1995）和 Pelled（1996）通过研究发现冲突是解释团队多样性同绩效关系研究结果不一致的重要变量。团队冲突的这一功能性的作用，引起了学者对团队冲突与绩效关系研究的重视。

Amason 和 Jehn 等将冲突分为两类：认知冲突和情感冲突。认知冲突是以任务为导向的，因团队成员的认知基础不同，造成对任务目标及完成方法的不一致，进而导致激烈的辩论，它关注的焦点是如何更好地完成任务；情感冲突是以个体为导向、非建设性的，它是因团队成员人际之间的矛盾，包括互相不喜欢对方、人身攻击等，且伴随着挫折、愤怒、烦恼等情绪而引起的冲突，它关注的焦点是成员之间情感上的对立和争论。

由于不同的成员会“从不同的角度观察复杂环境”，因而 TMT 中的认知冲突是不可避免的（张平，2006）。Amson 认为认知冲突有利于决策质量是因为来自不同观点的论争的协同综合通常优于各自观点本身，有助于集思广益和协调一致，提高团队成员的理解力和感情接受程度，因此认知冲突与决策质量正相关。Simons 和 Peterson 认为情感冲突限制了群体的信息处理能力，因为群体成员花费时间和精力关注于成员之间而不是群体任务相关的问题；此外，感情用事可能导致不能形成有效的决策或者形成极端性的决策，从而都会削弱决策的质量。

关于团队冲突对绩效的影响，是团队冲突研究的重点。国外许多研究表明情感冲突会导致团队成员焦虑并影响认知过程，从而影响团队成员的工作绩效，并导致组织效能的下降。而关于任务冲突与绩效的关系，学者存在较大的争议。Jehn（1995）和 Amason（1996）等学者认为适度的团队冲突能够提高决策质量从而对组织绩效产生正面影响。但 Simons & Peterson（2000）认为任务冲突容易引起情感冲突，导致团队成员偏离任务主题。也有部分学者（Jehn，2003）提出应当用权变的观点来研究冲突与绩效的关系。其基本假设是：在不同的情境中，冲突同绩效的关系是不同的，即在冲突影响绩效的过程中，存在一些调节变量（Amason A et al.，1997，1999）。冲突作为高管团队的心理认知特征，近年来引起了中国学者的研究兴趣。郎淳刚等（2007）通过实证研究得出：任务和情感冲突的分类在中国也成立，但在中国文化背景下，两种冲突对决策满意度都有负面的影响，其中关系冲突对于任务冲突和决策满意度有中介作用。陈晓红，赵可（2010）认为任务冲突与团队绩效显著正相关，而竞争型冲突管理行为会导致关系冲突的增加，进而导致团队绩效的降低。

1.2.2 高管团队特征与企业绩效关系的国内外相关研究综述

高管团队特征、团队运作过程及组织绩效三者之间的关系研究被国内外学者认为是打开高阶理论“黑匣子”的关键。杨鑫等对1999—2008年国际上5本顶级管理杂志发表的文献进行了整理，发现围绕企业绩效的研究仍然占了相当大的比例。并认为尽管与绩效有关的研究并不是管理研究的全部，但任何与企业管理有关的研究与实践，不论其是否直接作用于企业的产出和结果，不论其关注于广阔的宏观环境还是具体的微观层面，都必须或多或少地能够指导企业家的实践，改善或提高企业的生产运营或财务绩效，不能对企业绩效的改进产生任何作用的研究，不能成为有意义的、真正的管理研究。

Hambrick and Mason（1984）认为高层管理团队是通过一系列的决策活动来运作组织的，组织结果在很大程度上是决策活动的因变量。决策的制定通常是以认知背景为基础，而决策者的认知背景是同其人口特征息息相关的。因此，近30多年来对高管团队的研究无不围绕着高管团队特征对企业绩效的影响或是力求揭示它们之间的关系的本质来展开的。梳理以往的文献，对学者的研究结论有以下汇总。

1. 高管团队构成特征均值对企业绩效影响的国内外相关研究综述

Smith K. G和Smith K. A（1994）的研究表明，传记性特征对组织革新、战略、领导者更替，以及组织绩效有着重要的影响。高层管理团队人口特征的研究成果较多，主要包括团队的年龄、教育背景、任期、职业背景和异质性等与团队绩效、组织绩效的关系。高管团队人口特征变量均值反映的是高管团队某些人口特征变量的平均水平，如果年龄、受教育水平等人口特征变量均值较高，有可能表明团队在理论和经验上具有较高的水平，从而影响企业战略和企业绩效（张必武，石金涛，2005）。

（1）平均年龄。年龄可以代表管理者的阅历和风险承担倾向，影响战略决策。由于年龄差异，年轻与年长的经理在成长环境、教育方式等方面会有所不同，他们在工作中往往表现出不同的价值观与行为。通常，高层管理团队平均年龄越大，越倾向于回避冒险，所执行的企业战略较少发生变化，而年轻的经理们更容易改变战略，更愿意尝试创新的冒险行动（Wiersema，Bantel，1992）。年长的经理往往把工作的稳定性和收入保障看作自己事业的重要考虑因素，在这一阶段采取冒险行动是一个威胁，因而常通过维持现状来规避风险。同时，年长经理的学习能力、推理以及记忆等认知能力会下降，决策时更多依靠过去的经验与信息，因此比年轻经理更难适应环境的变化。Bantel 和 Jackson（1989）也发现 TMT 平均年龄越大，越不愿意采用进取性的企业战略。Tihanyi 等（2000）发现，高管团队平均年龄越大，制定的企业战略就越保守，从而使得企业丧失市场机会。因此，国外的研究表明高管团队的年龄影响了企业战略决策和行动倾向，进而会影响到企业绩效。

而国内关于年龄对企业绩效影响的研究较少，且与国外研究结果存在分歧。魏立群和黄智慧（2002）对沪深两市 114 家上市公司高管特征与公司绩效的关系进行实证分析，发现高管团队平均年龄与企业当期绩效显著负相关。陈伟民（2007）以沪深两市 156 家上市公司为样本进行研究，发现上市公司高管人员平均年龄对企业业绩有显著的正向作用。林新奇和蒋瑞（2011）通过实证分析得出我国企业高管团队平均年龄与企业财务绩效之间无相关性。

（2）平均受教育水平。教育水平包括正式教育与在职培训。与其他因素相比，教育水平能够从某种程度上反映个人的认知能力与技巧、对不确定性的包容性以及创新性的信息处理能力，在某种程度上是个人价值观和认知偏好的指示器。Tihanyi（2000）指出高层管理者的教育水平越高越能以开放和包容的心态来看待国际化机遇，从而更好地抓住各种机会提高企业绩效。Wiersema（1992）认为接受过较高水平教育的管理者对模糊性和不确定性怀有更大的容忍性和包容度，更容易接受变化，而且拥有寻求机会和评估备选方案的必备知识基础，从而提高决策的效率。美国学者通过对美国制造业、银行业的高层管理团队进行的调查研究，发现平均学历较高的高管团队在执行变革中更为成功；并且发现因为高管团队平均教育水平与团队的社会认知复杂度显著正相关，使得拥有平均较高教育水平的高管团队能够在复杂的多元化经营环境中进行准确的定位，快速确定适合企业发展的行为模式。此外，教育水平较高的团队更倾向于采取正确的战略决策使企业获得长期生存发展。因此，TMT 平均教育水平高的企业有更好的企业绩效。而 Flood & Fong（1997）等的研究却得出了不一致的结果，他们认为高层管理团队平均教育程度低的企业开发新产品的速度比竞争对手要快，认为原因是教育程度越高导致了团队内出现更多的无效分析，而在外部环境不好时，教育程度越高的高层经理更愿意回避风险。

国内对教育水平与企业绩效的关系研究主要集中在实证研究上，但研究结论却很不一致。林新奇等（2011）研究发现平均受教育水平与企业财务绩效之间正相关，魏立群和黄智慧（2002）得出高管团队平均受教育水平与企业绩效无明显关系，陈伟民（2007）通过实证研究也得出高管团队平均学历水平对企业业绩的影响不显著。王瑛、官建成和马宁等（2003）认为在高层管理者学历低的企业中，产品创新策略与绩效之间存在较明显的负相关关系，而在管理者学历高的企业中，产品创新策略与绩效之间存在显著的正相关关系。

（3）团队任期。由于团队成员的任期与团队内的社会整合程度密切相关（O'Reilly，Caldwell et al.，1989），是实现团队成员知识、认知共享的关键，因此一直是学者关注的重点，在所有的关于高层管理团队的人口背景特征的研究中，高管团队任期特征研究成果是最多的。

高管团队平均任期与企业绩效的关系主要有两种观点。一种是线性相关，如 Hambrick 等（1993）认为高管团队平均任期与企业绩效呈现负向线性相关，而 Gabarro 等（1987）认为高管团队平均任期与企业绩效呈现正向线性相关；另一种观点是高管团队平均任期与企业绩效呈现倒"U"形关系，Katz（1982）认为高管团队发展会经历融合期、革新期与稳定期三个阶段，在融合期团队成员之间融合度很低，通常很难高效运作。随着合作时间的推移，团队进入革新期，他们会分享新的见解，逐渐找到角色定位，发挥团队专长。但经过 2～5 年后，这种全面交流的趋势变弱，团队进入稳定期，更多地依赖于惯例，变得缺乏适应性与创新性，这时团队绩效会下降。倒"U"形关系得到了较大部分学者的认可，如 Hambrick 等（1992）采用了 5 阶段分法，验证了 Katz 的观点。Hambrick 和 D'aveni（1992）在比较破产企业与成功企业的高管团队特征时发现，破产企业高层管理团队的平均任期明显要短，他们认为由于任期短使得团队内的成员的相互理解不够，缺乏足够的信息收集时间，再加上成员间没有充分的信息交流，造成最终的战略决策错误。而 Keck（1997）的研究结果表明无论是在变化激烈还是在稳定的环境中，高层管理团队的任期都与企业绩效负相关。Finkelstein 和 Hambrick（1990）研究则表明，高层管理团队任期较长的企业通常采取相关多元化战略，使得企业绩效与行业平均水平接近。

国内学者对我国企业高管团队平均任期对企业绩效的影响也进行了丰富的研究，但研究结论分歧较大。孙海法等（2006）通过对中国纺织和信息技术业上市公司的实证数据研究发现，高管团队的平均任期与公司的长期绩效负相关。王瑛等（2003）的研究发现任职期限短的高管团队比任职时间长的具有更强的策略动向，对企业绩效的影响也更显著。而胡蓓等（2007）则认为当高管团队成员人均任期时间很短时，成员之间还没有很好的磨合，因此，其领导力和沟通效率都会受到影响。而随着任期的增长、成员间的逐渐磨合及交流，沟通频率就会得到提高且呈现出多样化方式，成员之间的情感性冲突也会逐渐减少，团队效能将得到显著提高，决策的准确性和速度都将提升，决策成本也会随之下降，企业绩效随之提高。

（4）职业背景。Hambrick 等（1984）认为管理者在职业生涯中积累的经验构成了其情感、偏好和认知的一部分，决定了管理者或者整个管理团队的效率以及影响了其所选择的战略类型。Gannon 等（1991）提出如果管理者工作经历过于简单甚至只在一个企业中工作，其对新事件的见解也就有限；若管理者只对某具体行业具有丰富的专业经验，其信息搜索的范围反而越窄，喜欢依靠曾经运用过的标准流程和一般规则进行决策。Bazerman 等（1983）认为，具备不同行业，不同性质多种工作经历的高层管理者会拥有更为广泛的外部关系网络，这种关系网络可以减少公司的交易成本，对获取关键信息和资源也起着积极作用。Gannon 等（1991）的研究发现，管理者总会不自觉地依赖自己过去的程式化流程和思维习惯进行决策，过去成功的经验总想套用在新的事项上，过去失败的经历则尽量回避，这一点在高管成员国际化经验与企业国际化经营战略选择的关系上表现得最为明显，也是学术界研究较多的一个问题。Sambharya（1996）研究了美国跨国公司高管团队海外经历与企业国际化进程之间的关系，研究发现那些具备海外学习与工作经历的管理者有更强烈的意愿推动企业国际化进程。Carpenter and Westphal（2001）也指出，关键决策者的跨国工作经验对跨国公司绩效有显著正向影响。

国内贺远琼等（2009）采用元分析方法研究得出高管团队的人均职业背景与企业绩效无相关性。而陈伟民（2007）以沪深两市上市公司为样本研究发现，我国上市公司高管人员职业背景的多样性对企业业绩有显著的促进作用。

（5）专业背景。高层管理者的专业背景能够降低公司和外部发生的交易成本，能以专业的角度来解决企业面临的问题，制定公司的战略和经营决策，从而提高企业的经营业绩（Hambrick，1987）。

高层管理团队的职业背景可以预测企业多元化水平（Michel et al.，1992）。拥有财务方面、管理职业背景经验的管理者一般将企业看成多个业务单元的投资组合（Hayes et al.，1980）。在进行多元化战略决策时，有财务背景的管理者会更加关注现金流、投资回报，从而使企业内部拥有良好的内部资本市场。这样的企业更倾向于通过并购实现多元化，从而使企业更多进行无关多元化。而生产技术型管理者对企业生产流程、技术优势更加了解，其更关注企业的工艺改进以及新产品的开发。他们更擅长利用企业的生产技术优势，进入新的市场。这些企业更倾向于通过内部增长实现多元化扩张（更多相关多元化），所进入的新领域多是与原来的企业生产技术相关的行业（Song，1982）。Wiersema 和 Bantel（1992）的研究指出，由于科学和工程领域更关注流程、创新和持续改进，因此具有科学、工程专业背景的高层管理者更能接受战略的改变，科学、工程专业背景成员多的高层管理团队更愿意采取产品多元化的战略。

国内关于高层管理者专业背景对企业绩效的研究更多地集中在实证研究方面。王颖（2004）以 1997 年西安高新技术开发区的 896 家企业为样本通过相关分析得出企业经营者学习经济管理和增强人文背景对促进企业的绩效是有正向的促进作用的。陈晓红等（2006）通过实证研究发现高管专业背景与企业绩效无显著的相关关系。缪小明，李森（2006）以中国民营科技上市公司的资料数据为基础，通过实证研究发现高管所学专业为经济、管理类，以及在工作经历中积累的技术专业经验与企业绩效存在微弱的正相关关系；高管专业为理工专业以及来自高校的项目经验与公司绩效未呈现任何相关关系。

2. 高管团队异质性特征对企业绩效的影响

高管团队异质性特征与企业绩效的关系也是国内外学者研究的重要课题。高层管理团队的异质性是指团队成员间人口背景特征以及认知观念、价值观、经验的差异化（Finkelstein et al.，1996）。团队异质性包括多个维度，例如，年龄、团队任期、教育水平与专业、职业经验、文化、性别、国籍等。根据不同的分类标准，团队的异质性分为两类：按据外显程度，可以分为一类是显性的人口背景特征变量，如年龄、性别、种族等；另一类是隐性的变量，如任期、教育、文化、经验等（Pelled，1996）。根据与工作的相关程度不同，分为非工作性的团队异质性，如年龄；还有工作性的团队异质性，如工作经验、职业经历等（Tony，1999）。根据异质性之间的相互关系不同又可以分为前因变量，如年龄、任期、教育、文化等异质性；另外有自变量，如认知异质性（Killduff et al.，2000）。

Hambrick 和 Mason（1984）认为高层管理团队成员的异质性意味着他们

认知基础层面上存在差异，而这能使团队得到成员从不同的源头收集的信息以及团队成员对问题的不同见解。一方面，成员异质性可以引导团队进入积极的讨论，对外部环境存在的机会、危险，自身的优劣势，各种方案的利弊都会进行深入的分析，有利于高层管理团队作出高质量的决策，提高了其总的解决问题的能力（Richard and Maier，1961；Simons，1995）。但另一方面，部分学者认为成员的异质性又影响了相互间的交流，增加了团队冲突，对团队的凝聚力产生负作用，使其成员在权力争夺中浪费时间。

国内外学者对于高层管理团队异质性特征对企业绩效影响的实证研究结果也不一致。Lyon 和 Ferrier 的研究发现异质性团队比同质性团队能更好地促进、增加市场份额与绩效。但是 Smith 等（1994）的研究则表明，团队成员在经验上的多样性使得成员间非正式的交流减少，团队的社会整合程度降低，对投资回报以及整个组织的绩效产生负作用。Murry（1989），Finkelstein 和 Hambrick（1990），Kilduff（2000）等学者通过实证研究表明，TMT 在年龄、教育水平、任期、职业背景等方面的异质性与公司的绩效成正相关。Hambrick，Cho 和 Chen（1996）发现异质性团队在对竞争对手的反应速度上比同质性团队要慢。Simons（1995）的研究结果却表明，团队成员之间的异质性不仅不会提高企业的绩效，还会造成团队成员之间的冲突。Kor（2003）通过研究成功的创业型企业后发现，在企业创始人为高管团队成员之一的情况下，高管团队工作经历的异质性越低，越有利于创业型企业成长壮大并取得良好的经营绩效。Martha 和 Joseph（2000）发现，尽管跨国企业高管团队国际化背景同质程度高的占多数，但企业绩效仅为中等水平，而团队异质化程度高的企业绩效不是较好就是较差，这表明高管团队异质化在企业国际化过程中有可能运作得更好。Boone 等（2004）的研究则表明，团队人口特征高异质性会降低后续的企业绩效。

我国的一些学者关于高层管理团队异质性特征对企业绩效影响的研究主要集中在实证方面的研究。魏立群、王智慧（2002）通过对沪深两市 114 家上市公司高管特征与公司绩效的关系进行实证分析，发现我国企业 TMT 异质性特征与企业绩效并不相关。张平（2007）采用我国沪深两市 356 家上市公司 2001—2002 年的数据进行了实证分析，结果却表明，在我国企业中，高层管理团队职业经验异质性、年龄异质性与行业动态性的交互作用在各自对企业绩效的影响中起了负向的调节作用。陈伟民（2007）的研究发现我国上市公司高管人员管理背景的多样性对企业业绩有显著的促进作用，但高管团队学历水平的差异性对企业业绩的影响不显著。孙海法等

(2006) 对中国纺织和信息技术上市公司的研究发现，只有信息行业 TMT 的团队任期异质性与企业的长期业绩显著正相关。

1.2.3 我国民营企业高管团队特征的研究

随着跨文化背景对高管特征作用发挥研究的深入，我国学者也开始关注我国民营企业高层管理团队的问题，对此开展了一些理论探讨和实证研究。但是，尽管中国的民营企业数目庞大，但关于民营企业高管团队的研究却鲜见于文献中。在理论研究方面刚处于起步阶段，国内学者主要从 TMT 的运作过程角度展开研究。如尹育航等（2008）根据民营企业的成长发展阶段，提出了民营企业高管团队结果维度、对象维度、时间维度三维冲突模型，并分析得出民营企业高管团队在各个阶段的每种维度冲突对高管团队绩效影响的大小。因为民企 TMT 面临着超强竞争外部环境，超强竞争环境具有动态性、高竞争性和极强的不确定性等特征，它超越了一般性竞争环境带给民营企业的冲击，使民营企业 TMT 面临前所未有的“不确定性”挑战（李文明，赵曙明，2004)。李焕荣、张晓芹（2007）认为由于绝大多数民营企业高层成员缺少多元化知识，不具备胜任信息化与全球化挑战的能力，不能立足于市场前沿进行创新，从而引发了高层团队内部的动荡和冲突。但良性冲突可以提高企业绩效，有助于企业绩效的持续改进；破坏性冲突则会降低或阻碍企业绩效的提升和改进。刘海山、孙海法（2008）通过对移动通信产品分销行业里两家规模较大的民营企业进行比较，分析了其公司背景、高管团队组成和运作过程。研究发现，民营企业 CEO 的个性以及由此形成的领导风格，直接作用于高管团队的组成结构以及领导、沟通、冲突、决策等具体运作过程，进而影响企业绩效。此外，孙海法等（2008）通过实证研究得出我国民营企业高管与国企和党政机关相比有更高的运作过程。

关于我国民营企业高层管理团队特征对企业绩效影响的实证研究文献更是少见，在研究的数量和质量上都存在较大的差距。在目前的研究中，国内学者（孙海法等，2003，2009）大多把民营企业混同其他类型的企业一起进行研究，或虽意识到中国民营企业高管团队在运作过程和所处的组织环境等方面有别于国外私营企业及国内其他类型的企业，但检索到文献却是少之又少，主要有吴文锋等（2008）以沪深两市 1046 家民营企业为样本，通过实证分析得出高管的不同政府背景对企业价值的影响不同。

1.3 以往研究总结及存在的不足

1.3.1 以往研究总结

通过以上文献分析，可以得出对高管团队研究的基本理论框架，如图1.1所示。高层管理团队的特征变量直接或间接地通过对团队运作过程产生作用来影响着企业的绩效。这种影响受到高层管理团队所处的社会政治、经济、文化、组织环境的影响。TMT的组织结构特征直接影响了TMT的运作过程。此外，组织激励是TMT运作过程对绩效的影响的调节变量。管理者特征主要包含人口统计学特征及指标特征的同质性和异质性。高层管理团队的绩效主要表现在内聚力和战略决策效率两个方面，其行为表现主要体现在团队与公司的人员变更、战略定向与变化、资源获取行为等。高层管理团队的绩效以及行为表现影响了由财务表现和组织管理表现构成的组织绩效。

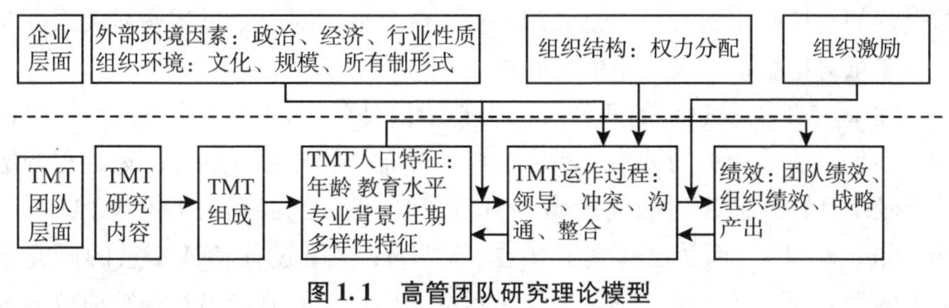

图1.1 高管团队研究理论模型

1.3.2 以往研究存在的不足

综上所述，目前对高管团队的研究相较起初的Hambrick & Mason（1984）高阶理论有了很大的进步，国内学者大多以国外对高管团队的研究为基础从各自的研究角度研究高层管理团队，这些研究成果为研究我国高管团队特征与企业绩效的关系奠定了良好的基础，同时进一步丰富了高层梯队理论，但同时也应看到以往研究中存在很多的不足。

1. 国外研究本身存在的不足

（1）对“团队运作过程”研究的不足。以往研究中，部分学者虽然意识到在特征与绩效之间可能存在一个推测的中介过程，但由于变量数据难以获取，因此对这个中介过程的研究文献相对较少。TMT 运作过程包含了 TMT 心理特征对团队运作的影响及 TMT 战略决策过程。

目前，已有众多文献研究成果显示出心理特征对于决策过程和组织绩效的重要性。显然 TMT 心理特征会影响到团队运作的有效性。Smith 等（1994）认为由于 TMT 心理特征受到个人信息的可获得性差异以及内在心理学研究的不必要性等观点的影响，致使对团队的心理差异、价值观和认知类型等心理过程研究很少（崔松，胡蓓，2007）。Goll 等（2001）通过考察意识形态的作用得出：TMT 的构成会影响或决定意识形态，而意识形态会进一步影响公司的绩效。Trui 和 O'Reilly（1989）也认为统计差异并不一定意味着绩效的差异，只有能够有效管理这些具有不同特征成员之间的互动过程，才会有助于组织绩效的改进。实际上，许多学者在关于 TMT 的研究中也都表达了对过程的忽视所造成的研究局限性。目前对于 TMT 运作过程中心理特征变量的研究不足主要表现在以下两个方面：一是心理特征对战略决策过程的直接作用机理；二是心理特征在统计变量对决策过程变量关系以及统计变量对组织绩效关系中的中介影响。

关于 TMT 决策过程的研究虽已引起国内外学者的高度重视，但仍存在诸多不足。团队成员的冲突、沟通、权力分布、相互独立性等决策过程变量可能较统计特征变量对战略产出和组织绩效具有更为直接的影响（Ursula，Marielle，2001）。而从已有文献来看，对 TMT 决策过程特征变量的研究在以下两个方面存在不足：一是决策过程特征变量对战略产出和组织绩效的直接作用机理；二是决策过程特征变量在统计变量对组织绩效关系中的中介影响，例如不同教育水平的 TMT 成员如何通过沟通、领导等这些过程因素对战略产出产生影响等。

（2）对环境变量影响研究的不足。Wiersema 等（1992）学者认为目前对高管团队研究得出不尽相同甚至相互矛盾的结论的主要原因在于对环境调节作用的研究不足。许多文献研究直接选取横跨不同行业的样本，它们在文化背景、市场状况、产业结构、公司规模、管理结构以及其他控制变量上差异很大，导致研究结果产生偏差。目前，越来越多的学者已经注意到环境对于 TMT 特征、过程和绩效之间关系的影响。对于环境影响的研究，归纳目前的相关文献，主要集中在政治环境、经济势头、社会文化、行业等方面。如 Ursula 等认为，不同国家有不同的价值观和制度背景，而其决定了管理人员的价值观和对应的管理选择，即环境直接决定心理特征和战略选择。

此外，在内部环境变量影响研究中，许多学者主要集中在企业规模、行业因素等要素方面，而激励措施、团队发展阶段的影响较少。林浚清等（2003）的研究发现由于薪资差异会削弱公平感与信任感，从而加剧管理团队之间的关系（情绪）冲突，进而对组织的业绩产生影响，即薪酬差距通过冲突而对绩效发生作用。因此，我们不但要加强 TMT 统计特征、过程、绩效的关系随着环境的变化而做不同的研究，还要弄清楚这些环境因素如何通过 TMT 特征或决策过程而对绩效发生作用的。而目前对文化、社会制度、公司战略、治理结构等这样的外部因素对内部因素或过程影响的作用机理，从现有的研究来看比较少。

（3）对高阶理论适用条件的忽视。已有的对高层管理团队的研究是以 Hambrick & Mason 的高阶理论为研究基础展开的，但该理论是基于成熟的市场经济国家的企业经营环境和企业管理实践提出的，缺少处于转型经济国家、新兴市场的企业高层管理团队对该理论适用性分析。而处于转型经济和成熟经济中的企业在企业行为及经营运作过程明显不同，其高管团队的构成、运作过程及对组织绩效的影响也不尽相同。此外，不同经济类型、不同国家中的企业在高管团队的背景特征和团队动力学方面存在差异。因此，当这一理论运用到新环境中时，由于扩大了对理论的理解，这些理论的局限性将会更加明显。

2. 国内关于 TMT 特征与企业绩效的关系研究存在的不足

国内对高管团队的研究起步较晚，从现有文献来看主要是在国外已有的理论基础上展开的，无论是研究的视角还是研究的方法都延续了国外的研究。因此，国外对高管团队研究的不足在国内研究层面也依然存在，通过对文献的梳理，笔者发现除以上不足外，国内相关研究在以下几个方面也存在不足。

（1）忽视了东西方文化对 TMT 特征与企业绩效关系影响的对比研究。受几千年儒家文化的影响，中国传统文化更多地强调共性归属，而西方文化更多地强调个性自由。受这种文化差异的影响，中西方在企业管理中高层管理者的决策方式、管理理念、管理模式、绩效管理目标等方面存在不同。因此，中西方在 TMT 的运作过程、组织环境对特征与绩效的影响机制等方面可能存在巨大的差异。而从现有文献来看，国内很少学者注意到这种差异对特征与绩效关系的影响作用，致使国内外一些研究结果不一致。

（2）对不同所有制形式下高管团队特征的研究不足。在中国当前环境下，国有企业、外资企业、民营企业中的高层管理团队特征、运作过程差异较大。例如，在民营企业中，董事长具有绝对的权威，公司的战略和决策过程更多地受到董事长和CEO的影响较大；而在国家控股的企业受到更多来自国家计划和政策的影响，企业的战略选择和决策过程必然直接或间接地受到与市场导向不完全一致的国家控制和干预，致使企业TMT特征与绩效的关系不同于其他所有制企业。因此有必要针对不同所有制性质的企业展开深入研究。

（3）对高管团队的界定存在不足。由于我国的公司治理结构不同于西方发达国家，委托代理还受到诸多因素的影响。因此，真正影响战略决策及过程的高管范围可能与国外不同。但从现有文献来看，国内学者大多照搬了西方研究对高管的界定范围，从而可能导致应列入高管范围的未被列入，而对战略决策影响不大的名义高管却列入了高管范围，致使与国外研究结果的不一致性增强。

（4）绩效度量指标的不全面或不准确。由于我国政府对企业的监管机制不太成熟，导致公开的财务报告中的财务数据的可信性下降，财务报告的财务指标数据存在一定程度的虚假成分，在一定程度上导致研究结果不一致。

总之，从国内外已有的相关文献来看，关于高管团队理论的研究还处于不断完善之中，我国的国情决定了我们不能照搬西方的理论。增加对TMT运作机制的研究，正确分析我国不同所有制下的各种影响机制，加强对特征、过程、绩效三者之间相互作用的研究，才能发现适合我国企业的高管团队理论。而作为数量最多、贡献较大、开展时间较短、发展潜力巨大的民营企业，其对国民经济的影响也越来越大，因此，与之相关的民营企业TMT特征与绩效的关系研究也应更加重视。

1.4 研究内容及研究方法

1.4.1 研究内容

鉴于以上各方面的考虑，本书通过对民营企业TMT运作机制、TMT特征对高管决策过程影响的作用机理的深入剖析，深刻揭示TMT运作机制、TMT特征和企业绩效三者间的相互作用。具体而言，本书的主要内容包括以下几个方面。

第1章　绪论。主要描述本书研究的现实背景及理论和现实意义，并对相关研究文献进行回顾和评述，找出以往研究的不足。同时界定本书的研究问题，并对研究的内容、研究方法、技术路线图、主要创新点做了简要说明。

第2章　研究的理论基础。主要对与本书研究相关的概念进行界定，并对相关的理论进行阐述。

第3章　民营企业TMT特征对企业绩效影响分析及理论假设。本章在对TMT特征分析的基础上，对民营企业TMT特征对企业绩效的影响进行了深入剖析，得出本书的理论假设，构建出相应的理论模型。

第4章　民营企业TMT特征对企业绩效影响的模型构建及数据处理。主要是定义假设中的变量及测量方法，设计有关的调查问卷，并对收集的数据进行各种必要的检验和因子分析，得出各变量指标的总和评价得分，为第5章的模型检验奠定基础。

第5章　民营企业TMT特征对企业绩效影响的模型检验。把有关的数据带入模型，进行多元回归分析，检验假设是否成立，并对检验结果进行分析。

第6章　结论、局限性与展望。在对全书的研究内容和主要成果进行简单的总结基础上，论述了研究过程中的不足和未来研究努力的方向。

1.4.2　研究方法

研究方法一般用来表明论文的论证与验证过程，只有以科学的研究方法和研究程序作为基础能最终取得可信的、有价值的研究结果。本书融合管理学、社会学、经济学、组织行为学、心理学的方法，注重理论与实际相结合、规范研究与实证研究相结合。

下面分三个层次对本书的研究方法进行说明。

1. 本书的研究推理过程采用的方法

在逻辑推理路线上，本书通过对TMT特征理论、团队理论以及TMT特征与企业绩效关系研究的文献进行调阅与综述，提出研究的问题，然后通过理论分析得出待验证的理论假设；随后通过一定规模的样本调研，采取实证研究的方式，对前述理论假设进行验证。因此本书从理论假设到理论验证的过程采取了探索性、验证性的研究方法。

2. 本书的论证过程采用的方法

（1）文献分析法。系统地分析、整理国内外的文献资料，进行综合地比较研究分析，总结前人的研究成果，找到研究中的空白点，提出新的研究角度和思维方式，作为本书的理论背景。

（2）理论研究及数据分析方法（数学模型方法）。在文献分析的基础上，结合与本书相关的理论和学科视角，构建本书的理论推演体系，以期在理论分析和理论模型构建及分析的基础上，为企业高层管理团队的冲突问题提供较好的理论研究框架。本项研究主要有以下理论基础。

①社会学理论。融合著名社会学家 Marx 等对社会冲突问题的研究成果来分析民营企业高层管理团队冲突产生的根源、对 TMT 团队运作过程的影响及解决冲突的办法。

②组织行为学理论。组织行为学通过合理运用与人有关的各种知识，采用系统分析的方法研究民营企业高层管理团队内部的竞争、冲突、回避、认同、协作的过程，从而提高对民营企业 TMT 特征行为对企业绩效影响的预测和引导能力，进而 CEO 通过对 TMT 行为整合，化解冲突，增强团队的内聚力和凝聚力。

③自组织理论。自组织理论源于系统论，它是复杂自适应系统的内在规律，它是指某些无序的子系统无需外界指令而自行组织、自行创生、自行演化，并能自主地从无序走向有序的系统。本书将民营企业 TMT 视为一个复杂自适应系统，从自组织原理的视角重新审视企业高层管理团队运作中出现的问题，以期能得出一些有意义的结论。

④心理学理论。利用心理学理论来分析民营企业 TMT 心理特征对团队运作的影响。

本书在数据分析上以专业性统计软件 SPSS 作为分析工具，对两两变量之间进行相关性或回归性分析，并利用结构方程软件 AMOS 来构建结构方程模型，以验证前面提出的理论假设。

3. 研究方式

本书在研究方式上，主要采用以下研究方法。

(1) 问卷调研法：反映在 TMT 人口统计、心理特征、运作过程、企业绩效测评上。调查问卷是社会学研究方法中一个获取信息的常用方法。问卷调查是研究者把研究问题设计成若干具体问题，编制成书面的问题表格，交由调查对象填写，然后收回整理分析，从而得出结论的一种研究方法，但所收集的数据通常包含被调查者态度的主观性数据。

(2) 心理量表施测法：反映在 TMT 心理特征与行为特征测评上。该方法能够将难以直接测量的变量用数据表示出来。

(3) 个案调研法："案例法"是研究者如实、准确记录某一事件发生、发展、变化过程并进行分析、研究的一种方法。本书在样本调研形成基本结论之后，对单个或少数人、团队进行行为事件访谈，进行深入的调研考察，使结论更具说服力和现实性。

(4) 深度访谈法：通过对部分典型企业高层管理人员的深度访谈获取本书所需要的第一手数据和资料，以便对理论分析加以佐证。

上述研究方法可用图 1.2 来表示。

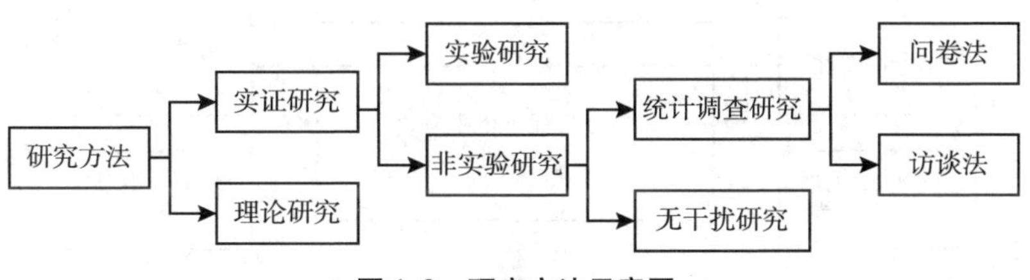

图 1.2 研究方法示意图

1.5 技术路线及主要创新

1.5.1 技术路线图

如图 1.3 所示为本书的技术路线图。

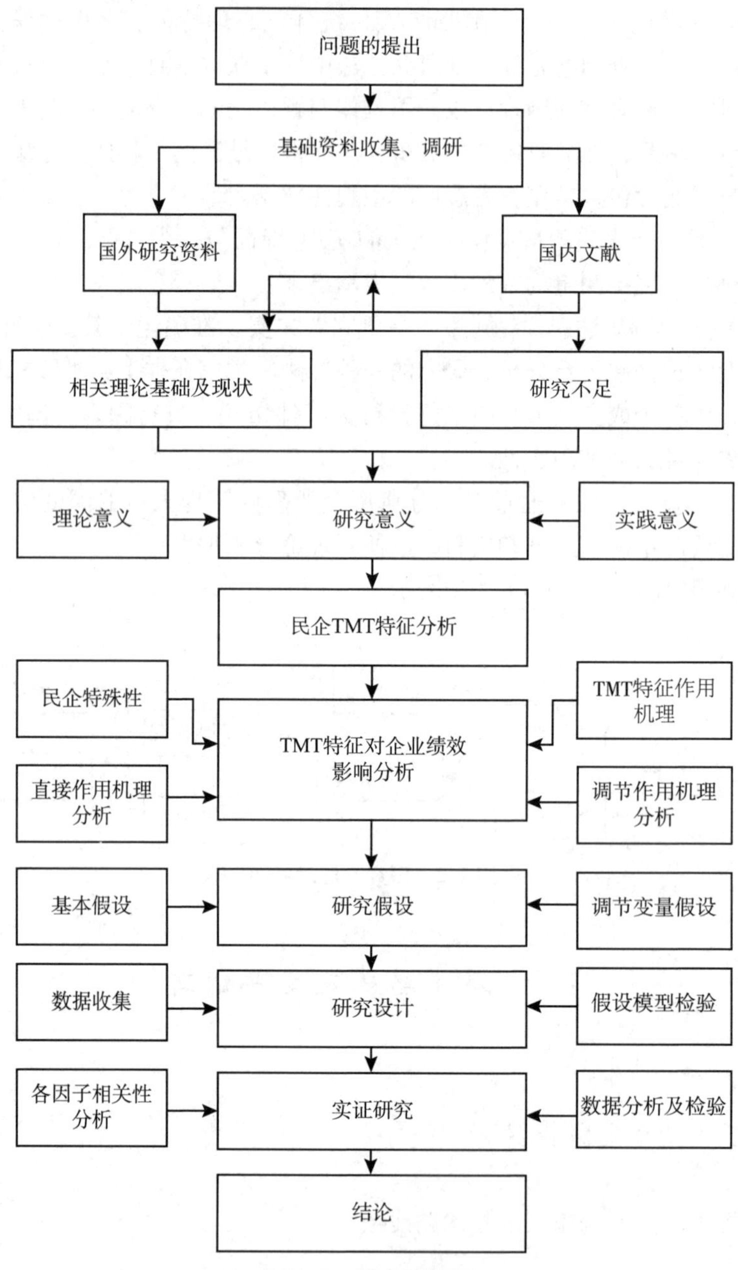
问题的提出
基础资料收集、调研
国外研究资料
国内文献
相关理论基础及现状
研究不足
理论意义
研究意义
实践意义
民企TMT特征分析
民企特殊性
TMT特征对企业绩效影响分析
TMT特征作用机理
直接作用机理分析
调节作用机理分析
基本假设
研究假设
调节变量假设
数据收集
研究设计
假设模型检验
各因子相关性分析
实证研究
数据分析及检验
结论

图 1.3 技术路线图

1.5.2 主要创新点

本书主要具有以下创新点。

（1）考虑到我国民营企业的发展历程、独特的文化特征及已有研究存在的不足，预计从民营视角进行实证分析得出研究结论会比已有研究成果更进一步，应能更好地解释我国经济转型期民营企业高管团队出现的问题，更有针对性地为民营企业组建高效的高管团队提供理论指导。

（2）本书在对民营企业高管团队作用机理分析的基础上，全面系统地寻求影响企业绩效的 TMT 的平均特征、异质性特征、企业战略、组织环境、社会环境等不同层面的重要变量和主要因素，并以此构建出一个新的研究模型。该模型是在已有的研究模型基础上的完善和拓展，它不仅实现了动静结合，而且能够使各项特征指标对企业绩效的影响在一个系统的环境中进行分析，拓宽了研究范围，增加了高管团队同质性和异质性特征对企业绩效影响的可比性。根据这一模型，在进行理论分析假设时结合了我国民营企业文化特征和管理特征，例如关系取向、权威取向、圈子文化、制度环境及泛家族式管理等对企业高层管理团队的特征、运作的影响，以及这种影响最终在企业绩效的表现，预计本书的实证研究结果会丰富我国民营企业高层管理团队研究的内容，改变以往单个对象研究造成的非系统性及不适用性的缺陷。

（3）以往的研究大多通过静态分析，或研究高管团队的特征与企业绩效的直接关系上，忽略了对 TMT 内部作用机理的研究。本书主要从民营企业高管团队运作过程和心理学两个角度来分析 TMT 特征对企业绩效的影响，并考虑了环境不确定性、CEO 特征、薪酬满意度等因素的调节作用。我国民营企业独特的文化特征和管理特征必然会造成以西方经济为基础的高管理论在我国民营企业适用上的局限性。因此，本书有可能丰富我国民营企业高管理论。

第 2 章

研究的理论基础

2.1 相关概念的界定

2.1.1 企业绩效及企业绩效评价

中外学者对企业绩效的研究主要分为两个方面：基于企业绩效概念的研究和基于企业绩效评价的研究。

目前，对绩效的定义有多种。根据《韦伯斯特新世界词典》解释，绩效是对行动结果的检验。一方面，绩效是正在执行的活动或已完成的活动；另一方面，绩效是重大的成就。

国外学者对绩效的定义主要有以下几种。①Yamin 等（1987）认为企业绩效是企业实现市场和财务目标的水平。②Bernadin Cooper（1989）认为绩效是建立在一定工作量上的成绩表现，是工作的结果，与组织战略目标最为密切。③Campbell（1990）指出绩效是行为而非结果，是人们实际行为表现并能够观察得到的，其结果通常会受系统因素的影响。④Bernardian（1995）将绩效定义为工作的结果，并且研究了与企业绩效最为密切的组织战略目标、顾客满意度、投资金额与企业绩效的关系。⑤Kan 等（1999）认为企业绩效是由时间、方式和结果三因素构成的三维概念，是组织在某个时间范围内以某种方式实现的某种结果。

国内对企业绩效的定义主要有以下几种。①财政部对企业绩效的解释为：企业绩效是指一定经营期间的企业经营效益和经营者业绩。企业经营效益水平主要表现在盈利能力、资产营运水平、偿债能力和后续发展能力等。经营者业绩主要通过经营者在经营管理企业的过程中对企业经营、成长、发展所取得成果和所作出的贡献来体现。②张蕊认为，业绩是反映人们从事某一活动所取得的成绩或成果。③冯丽霞认为，企业业绩可以从两个方面来理解：一种是以结果为导向的业绩，是指在特定的时间内由特定的工作职能或活动产生的产出记录；一种是以行为为导向的业绩，是指与企业目标有关的、可以按照个体的能力（即贡献程度）进行测量的行动或行为。

综合以上国内外学者对企业绩效的定义，本书认为，企业绩效的应包括企业已经收获得“显性的”经营效益（如各种财务指标）和保持企业生存及可持续发展的“隐性的”经营业绩（如市场占有率及增长率、顾客满意度等指标）两个方面。因此，企业绩效应包括“结果”和“行为”两部分内容，并且必须把这两部分内容有机地结合在一起进行判断，才能准确地来说明企业绩效的好坏。

企业绩效评价是指运用科学、规范的评价方法，对企业一定经营期间的资产运营、财务效益等经营成果，进行定量及定性对比分析，作出真实、客观、公正的综合评判。由于企业绩效的“结果”和“行为”两方面内容的表现形式是多种多样的，评价指标既要反映已经取得的财务指标，还应能反映总体的经营与发展目标。因此，对企业绩效的评价除了常用的财务指标外，还必须设立有关的非财务指标，财务指标反映的是经营的成果，非财务指标反映的是经营的过程，结果和过程必须统一。只有将财务指标与非财务指标结合起来进行综合评价，才能全面、系统地考评一个企业的综合绩效（陆庆平，2006）。本书对企业绩效的评价采用了建立财务和非财务指标进行综合评价的方法。

2.1.2　民营企业及高管团队概念的界定

由于本书的内容为中国文化背景和文化传统下的我国民营企业高管团队特征对企业绩效的研究，但最近几年出现的“借壳上市”“海外绕道”上市、官方持股等情况使得民营企业真假难辨，不再具有典型的民营企业特征（马可一，2005），而规模过小的企业，一般来说没有构建起真正的高管团队，因此，本书中的民营企业仅指核心业务和控股股东均属中国大陆，资产以私人持有而非国家持有，且销售额在 5000 万元以上，员工人数不低于 200 人的非上市公司。

由第1章国内外对高管团队的研究综述可知，虽然目前对高层管理团队的定义众说纷纭，但大家普遍认同的是高层管理团队属于企业的战略制定与执行层，负责整个企业的组织与协调，对企业的经营管理有很大的决策权和控制权，而且与一般工作团队相比，高层管理团队的决策功能更强，能在快速多变的市场竞争环境中作出机敏的反应。据此理解，高管团队的每位人员都应在企业战略决策，或在特定的战略决策中起主导作用。由于我国的民营企业大多数董事长直接参与管理，并且有相当一部分兼任企业的总经理。另外，不同于国有大型企业的只有副总经理及以上级别的高级管理人员才能参与决策，在民营企业中，往往部分部门总监也参与了公司的主要决策，因此，本书把民营企业高管团队定义为参与企业的战略决策、营销管理、财务管理、人力资源管理等经营方面的高层管理决策，并直接向董事长或总经理负责的高级管理人员。一般包括董事长、总经理、副总经理及市场总监、人力资源总监和财务总监。

2.1.3 民营企业CEO概念的界定

CEO是一个舶来品，它出现的基础是相对完善和成熟的公司治理结构。但在我国大多企业尤其是民营企业的公司治理结构很不健全，无法分清董事长和总经理哪一个是CEO，在很多情况下，企业的董事长和总经理存在职能上的交叉和重叠现象。因此，对我国CEO的概念的界定，不能完全照搬使用来自成熟、完善的西方公司治理结构背景下的“CEO”的内涵进行界定，而应该用企业高层管理者所肩负的管理权责，把那些对企业的战略决策和企业经营管理活动具有主导性影响的企业高层管理者作为“CEO”来对待。

从职责上看，我国的CEO既肩负企业战略决策制定和对决策的执行，还要经常对企业运营的具体过程等微观层面的管理事务进行关注。因此，大多学者认为，在我国所谓的CEO应是对整个企业运营管理过程全面负责的企业高层管理者，而不论此人具有什么样的职务称谓。由于国内民营企业大多是高度集权的组织，企业的最高领导者大多也是企业的所有者，他们在企业内部具有绝对的权威，往往全面掌控着企业的运营管理工程，对企业的生存发展负有直接的责任。因此，本书把民营企业的董事长、董事长兼总经理，即企业的最高领导者作为“CEO”进行单独研究，以有别于TMT其他成员，突出CEO的个性特征的调节作用。

2.2 TMT运作过程理论

2.2.1 团队及团队动力理论

MeGrath 等（2000）认为团队是一个嵌套在组织中的复杂的、动态的和适应性的系统。这个系统由人、任务、技术和物理空间组成。团队存在于某个时间段内的某种背景下，随着时间的推移和背景变化，团队及其成员也在不断调整和变化，在这个过程中团队成员之间相互学习交互影响，这些交互的过程会带来团队成员以及团队的变化，变化过程最终会影响到团队获取的效能。一般来说，团队发展可分为5个阶段，分别为形成阶段、撞击阶段、规范化阶段、运行阶段和解散阶段（托马斯、克里斯托夫，2003）。

团队动力理论（Group Dynamic）认为应该对团体中各种潜力的交互作用、团队对个体行为的影响、团体成员之间的关系作深入剖析。团队动力理论关注对团队的互动过程、冲突、凝聚力和有效性的研究，认为团队之所以能够发挥效力是由于团队成员间的有效互动所导致的，因此团队体现出来的是动态的工作过程。团队动力理论就是试图揭示这一动态过程的机理（柳青，2010）。

团队动力理论为企业 TMT 的研究提供了动态的视角。决定 TMT 团队绩效的因素不仅仅是成员的人口统计特征、团队的结构特征，团队的运作过程也会对团队绩效产生直接的影响。因此，对 TMT 特征的研究除了要关注团队的特征，还要进一步研究团队的运作过程，从动态的视角揭示团队的运作机理。

2.2.2 冲突理论

20 世纪 40 年代中后期，以 Parsons 为代表的结构功能主义，将冲突看作健康社会的"病态"，认为社会成员共同持有的价值取向有利于维系社会整合和稳定社会秩序的作用，人们应努力避免冲突，寻求消除冲突的机制。但 50 年代中后期，一些社会学家开始对 Parsons 理论的精确性提出怀疑。Coser（1956）通过对社会冲突功能的探讨，提出冲突有正向和负向两种功能。在一定条件下，冲突具有保证社会连续性、减少对立两极产生的可能性、防止社会系统的僵化、增强社会组织的适应性和促进社会的整合等正向功能。冲突理论强调社会生活中的冲突性并以此解释社会变迁。

Jehn（1995）认为企业组织中一般存在关系冲突和任务冲突。关系冲突被认为是不同的个人在价值和观念上的不同产生的；而任务冲突则是指在追求组织目标实现方面的不同意见以及存在的利益冲突。两种冲突对团队结果有不同的影响。关系冲突限制了团队信息处理的能力，团队成员把时间和精力集中在个人问题上，忽视了团队利益和团队合作，由此增加了团队成员的压力和焦虑水平，造成团队成员间的敌意和冲突升级（Jansseno et al.，1999），进而降低了企业绩效。而任务冲突可以适当团队成员讨论不同的观点，增加成员对问题的认识，提高决策的质量，进而提高团队绩效。因此任务冲突对不确定性程度较高、信息处理量较大的非常规任务具有更强的促进作用（Amason，Schweiger，1994）。

在冲突处理方式上，Thomas 和 K. W（1976）提出的五因素模型最具有代表性。此模型以满足个人利益和满足他人利益作为两个维度，把解决冲突的方式分为回避、抗争、迁就、合作、折中五种方式。但冲突管理的重点应放在怎样主动控制冲突的动因，而不是被动接受冲突的结果（陈云，2008）。对于冲突过程，普遍认同冲突是一种动态现象，也是一连串的发展过程。冲突处理不当，会影响到未来的互动关系。对于冲突的评断标准，应该以团体是否获利为主要依据，即使是团体中的个人觉得冲突是负面的，但是若该冲突有助于达成团体的目标，仍然可以视为具备建设性功能的正向冲突（Stephen P，2001）。

2.2.3 激励理论

刘枭（2011）通过梳理国内外对激励的不同角度的定义后，认为激励是外部环境、个体主观决策或个体与环境之间交互作用对个体行为的影响过程。经典激励理论把激励分为容型激励理论、过程型激励理论和行为修正型激励理论。内容型激励理论更多地关注于在相对稳定的环境里与激励有关联的要素（Steers et al.，2004），将行为视为内在心理特征（需要）的结果，强调了由于个体需要的复杂性，金钱以及人际关系、情感、成就感等要素对个体均产生激励的作用（彭贺，2009）；过程型激励理论是从动态视角来探寻随着时间和事件所引发工作场所行为的变化的因果关系，是以人的心理过程和行为过程的动态系统为研究对象的激励理论（李小宁，2005）；行为修正型激励理论则强调了个体行为与结果之间的权变关系。

而在企业组织中，激励理论认为组织成员间的合作经常被部分成员的机会主义行为所破坏，通过建立适当的激励机制能减轻这种不良行为。激励理论把组织看成联系不同个体的节点，认为有限理性的组织成员是风险规避、自私自利的，组织经常处于目标不一致（即成员的目标与组织的目标不一致）、信息不对称（即成员拥有比管理者更多的关于项目的信息）的状态（赵伟等，1999）。

2.2.4 团队领导理论

近期研究认为团队领导者不仅仅只是组织目标的执行者，他往往也拥有很大的决策权。团队领导者、团队领导过程以及团队领导对于团队绩效有着不可忽视的影响（Morgeson，2010）。

影响领导有效性的因素以及如何提高领导的有效性是领导理论研究的核心。传统领导理论主要包括领导特质理论、领导行为理论和领导权变理论。领导特质理论认为有效领导者应具备一些明确而且易辨认的特质或特性，而此特质则是无效领导所不具备的。该理论侧重于比较领导者与被领导者之间的个体差异，强调素质的先天性。领导行为理论认为能否使被领导者尽最大努力完成工作目标才是决定一个领导者有效或无效的主要因素，因而领导行为理论主要从沟通、激励、授权、计划等视角来进行研究。如 Likert 将领导行为归结为两大方面：员工导向与生产导向，并进而将领导方式归结为 4 种：专制独裁式、温和独裁式、共同协商式、民主参与式（Likert，1961）。领导权变理论认为个人的领导风格都只能在特定的情境中有效，只有认识自己的领导风格，并使之与情境相适应才能增强领导的有效性（Fiedler，1967）。

国内外学者根据领导理论对团队领导进行了以下深入研究。

（1）团队领导特质理论和情绪理论。对于高层管理团队，CEO 的责任心、情绪稳定性、令人舒适性、外倾及公开性与团队动力和组织绩效高度相关（Peterson et al.，2003）。而情绪理论认为情绪智力对于有效的领导和团队绩效来说是一个非常关键的、重要的素质，因为情绪智力反映了在社会情境下的觉察和理解他人、探查情感反应的细微变化以及应用这些知识并通过情绪管理和控制去影响他人的能力（Parti L et al.，2003）。领导者的情绪呈现对团队绩效的影响依赖于追随者的认知动机（Van Kleef et al.，2009）。

（2）情境理论和权变理论。情境理论和权变理论认为领导行为的有效性与特定的情境有关，被领导者的特质决定了团队领导者领导行为的选择，领导者的效率取决于团队领导者领导类型与情境相匹配的程度。

（3）在领导方式上有团队共享领导理论、团队分布式领导理论及团队自我管理理论。共享领导是一种管理过程，团队成员领导职责的共同承担和分享，通过将团队的需要与团队成员的知识、技能和能力相匹配，引导团队实现或达到组织目标（Ensley et al.，2003）。共享领导团队比那些自上而下设计的团队领导有更高的团队绩效（谢晔等，2011）。分布式领导就是组织的不同成员根据自己的能力和环境条件的变化动态地分享领导角色（Mintzberg，2006）。分布式领导更适合于高层管理团队。

2.2.5 沟通及沟通理论

沟通研究涉及心理学、管理学、社会学、传播学等各个领域，根据其研究侧重点的不同，各国学者对沟通作出了不同定义，主要有四种观点，分别为共享说、交流说、劝服说、信息说。总结以往学者的定义，本书认为沟通主要强调通过言语或非言语的方式进行交流实现知识和信息在发送者与接受者之间的共享。沟通过程中呈现出来的有关词句选择、思维方式、表达方法的总体特点被称为沟通风格（季晓芬，2008）。Bateson 和 Sudno 等发现沟通风格能够给沟通内容赋予更多的形式和色彩，从而影响沟通的效果。沟通风格的选择受到文化情景的影响。

高管团队沟通行为决定了高管团队分享信息的内容和方式，是高管团队成员互动的核心内容（姚振华，孙海法，2000）。沟通过程有效性分为沟通数量和质量的有效性，是沟通过程有效性的两个主要方面。沟通频率反映了团队成员的信息互动数量，包括书面或会议讨论的正式沟通数量，也包括团队成员非正式的接触与讨论数量。沟通质量则更强调高管成员是否能各抒已见，且不同意见能得到较好的尊重。沟通理论认为：良好的沟通能够提高工作满意度和工作绩效（Ainspan，David，2000），但国内企业更注重人际关系的存在（钱小军，詹晓丽，2005）；沟通特别是内部沟通对组织的成功和效率有积极影响（Hargie et al.，2000）；较高的沟通频率，有利于提高员工对组织的认同感，降低离职的可能性（Jablin，1982）；有效沟通能够促进团队的有效合作，低水平的信任会阻碍团队沟通；有效的团队沟通有利于信息反馈，促进信息的交流和共享；团队沟通会影响到团队冲突，适度的礼貌性的沟通能够避免冲突的发生。

2.2.6　相似吸引理论

团队特征的多样性和差异性有利于形成知识的多样化、增加知识储备，产生多样化的观点和视角，进而促进决策的科学性。但不可否认的是团队特征多样性和差异化也容易导致团队冲突，从而影响团队绩效。Lankau（2005）和 Kang（2006）通过实证研究得出的相似吸引理论可以用来合理地解释团队的互动性，认为团队成员间的相似性会影响成员互动的程度，提高知识的共享。相似吸引理论最先是由 Byrne（1971）在研究前人的态度相似相关理论的基础上提出的，Byrne 认为一个人的态度和信念与别人越相似越容易被其他人所吸引。Riordan（2000）对 Byrne 的相似吸引理论进行了扩展，通过研究得出除了态度维度外，个性、价值观、人口统计学特征等维度上的相似性也可以提高团队成员相互的吸引力。

Smith 等（1994）学者进一步丰富了相似吸引理论，把该理论由对个人层面的研究扩展到团队层面：团队成员间在个性、价值观、人口统计学特征等维度上的相似性越高，团队成员间越容易相互吸引。Harrison 等对相似性进行了分类，把为团队成员的人口统计学特征和生物学特征上的差异定义为表层多样性，而把团队成员的态度、信念和价值观之间的差异性定义为深层多样性。国内部分学者把该理论的成果应用到中国企业高管团队的研究中，如叶笛、林东清（2013）的实证结果表明，人口统计学特征相似性及目标相似性会增强团队成员间的人际吸引，并最终能够促进团队成员间的知识整合。何威风（2015）利用相似吸引理论，以上市公司为样本研究了高管团队垂直特征对企业管理行为的影响。

2.3　企业绩效差异理论

对企业绩效决定因素的讨论，直是国内外学者研究的重点。日前，对企业绩效差异的研究基本上分为两人流派：一是企业绩效差异根源外生论；二是企业差异根源内生论，而企业差异内生论又分为企业差异根源契约论和企业绩效差异根源能力论。

2.3.1 企业绩效差异根源外生论

企业绩效差异根源外生论的主要代表是美国哈佛大学的梅森和贝恩，他们提出了现代产业组织的三个基本范畴：市场结构、市场行为、市场绩效，即著名的S－C－P梅森－贝恩范式。该范式认为企业绩效的差异是由市场结构、市场行为所决定的，而市场结构、市场行为是存在于企业之外的，因此，企业绩效的差异是外生的。但该范式无法解释在同一产业内、同一市场中企业绩效间的差异。其实，现实中同一产业企业间的利润差距并不比产业间的利润差距小。姚树荣（2003）研究发现，产业内长期利润率的分散程度甚至比产业间的分散程度大得多。但该理论告诉我们企业所处的环境不确定性是我们分析企业绩效差异的一个不可忽视的视角。

2.3.2 企业绩效差异根源内生论

1. 企业绩效差异根源契约论

20世纪30年代，科斯开创了契约理论，该理论以企业内部的经济利益与约束机制为基点，来寻求企业绩效差异的根源。主张通过合理的制度安排来建立明晰的产权界定、优化配置产权结构、完善治理结构及优化培育市场竞争环境来防范代理人的“道德风险”与“逆向选择”，从而提高企业绩效。产权归属论认为明晰的产权归属有利于对企业拥有者建立有效的激励机制，所有权与经营权分离所带来的代理成本的高低是影响企业绩效的决定因素。但世界各国私有化的实践表明，产权归属并不是企业绩效变动的充分条件。泰腾郎、马丁和帕克等学者以竞争理论为基础，得出充分竞争是决定企业绩效的关键因素，因此提出了超产权论。认为由市场竞争所推动的企业治理机制是决定企业绩效高低的基本因素，企业持久成功取决于治理机制能否不断地适应市场竞争。契约论关注了企业的内部治理结构对企业绩效的影响，但对环境及资源对企业绩效的作用考虑不足。

2. 企业绩效差异根源能力论

企业绩效差异根源能力论是基于企业资源理论提出来的，企业资源理论认为企业的竞争优势来源于其拥有或支配的资源，但在竞争充分的市场上，资源可以通过市场交易获得，因此，并非所有的资源都可以成为企业竞争优势的源泉。而企业配置、开发和利用资源的能力才是不易模仿和不易获取的，它才是企业绩效差异的根源，由此，产生了能力理论。在能力理论中，影响最大的是由 Prahalad 和 Hamel 提出的“核心能力论”。该理论认为，企业本质上是一个能力集合体，从表面上看，企业是由有形的物质资源和无形的规章制度等资源构成的，但从深层次来看，是蕴藏在这些要素之后的能力；企业核心能力决定了企业绩效，由于核心能力是对资源的整合运用能力，它是不易被模仿和获取的能力，核心能力使企业显示出了不同的效率，并最终影响到企业绩效，它是企业获取长期竞争优势的源泉。企业绩效核心能力理论主张通过培育企业核心能力来获取竞争优势，进而提高企业绩效，无疑这种理论较之前两种理论更有利于解释企业绩效的差异。

2.3.3 企业绩效差异融合理论

无论是企业绩效差异的外生论还是内生论都有它的局限性，都无法单独完美地解释企业绩效的差异的根本原因。因此，后来学者把内生理论和外生理论融合在一起来解释企业绩效差异。

1. 内生论

内生论一般包含以下三个方面。

（1）战略规划能力。所谓战略规划（Strategic Planning），是指企业利用一些系统的、正规的分析工具和模型来制定企业战略。它包括战略决策过程、战略实施过程。Miller 和 Cardinal（1994）通过对已公开发表的 26 篇相关研究进行分析，发现战略规划对企业绩效有很强的正面促进作用。这是因为战略规划能够帮助企业增强核心竞争力、创造诸多价值。如：战略规划能够使企业合理有效地利用内外部资源，全方位地搜寻分析情报信息、充分考虑所有可行方案、迫使公司进行竞争环境的评估、激发创意、增强动力与承诺、促进内部沟通与互动等。战略规划最大的优点就是具有前瞻性，能够事先模拟未来，并根据未来可能存在的各种情形设计相应的对策（斯坦纳，2001）。而 Glueck 和 Jauch（1984）对战略规划的作用理论阐述为：有助于企业高层经理人员审视企业所面临的机会和危险，预测出环境的变化，从而使经理人员作出预应性的反应；战略规划为企业所有员工指明了企业前进的方向，从而使每个职工的工作目标与企业总体目标相一致起来，保证企业总体目标的实现；战略规划亦为管理人员提供了控制和评价企业经营活动的基础，从而保证企业日常活动在企业总体目标范围之内（Glueck，Jauch，1984）。

（2）可支配的核心资源。根据资源基础论，企业是一系列内部资源和能力的集合体。Collis 和 Montgomery（1995）认为决定绩效的资产必须是难以模仿的、持久的、具有收益性、不可替代的和竞争优越性的独特资源。潘镇和鲁明泓（2005）按照资源基础论的观点，将影响中小企业绩效的资源细化为有形资源、无形资源和能力。其中有形资源包括企业可供支配的财务资源、物质资源、人力资源和组织制度资源；无形资源包括技术资源和创新资源；能力主要体现在调整生产计划与产品结构的灵活性、及时满足市场需求的快速性、面对市场变化的组织反应性。在这些资源中，人力资源、技术与创新资源、技术创新能力是难以模仿和不可替代的，因此是企业的核心的独特资源。其中人力资源中的创新型人力资本对企业绩效的贡献尤为重要，这是因为企业的技术和创新资源及能力都是人力资本作用的结果，而保障企业正常运营的组织结构和制度设计也是人力资本创新的成果，因此，企业内从事创新工作的人力资本是企业最核心的资源，是影响企业绩效的最重要的因素。

（3）企业产权结构。由于产权结构影响了企业的委托－代理成本，进而会影响企业绩效。企业家激励、企业家能力及其充分发挥，以及正确的决策是企业取得良好绩效的必不可少的条件，而这些都同产权制度有着密切的关系（冯飞等，2006）。这是因为产权明晰的企业具有内在的企业家激励机制和企业家生成机制。企业家作为人力资本中最重要的构成部分，是企业最能动、最活跃的因素。当人力资本产权受到有效的保护和完整的界定时，可以增加人力资本所有者的努力程度，形成人力资本的知识效应和非知识效应，促进企业产出的增长，使企业组织成员团结协作（周扬波，2007）。

2. 对于外生论

一般把企业外部环境分为社会环境系统和市场环境系统（赵锡斌，2004）。

（1）社会环境系统。社会环境系统包括政治、经济、科技、法律、社会文化环境。在这几种环境中经济、法律和政治环境对企业绩效的影响更直接，这种宏观经济政策对企业绩效的影响往往时间较短，力度更大，甚至在短期内就可以改变企业的绩效。但这种环境一般对整个行业或产业的企业绩效都会产生影响。而社会文化能够影响人的价值观念，从而对企业的决策、员工的工作态度产生影响，进而影响企业绩效，但这个过程可能会很漫长。

社会环境系统对企业绩效的影响主要通过对市场要素和内部环境的影响来实现的（郑敏，柏露萍，2009）。这种影响一般带有普遍性，它可以部分解释产业间的绩效差异。

（2）市场环境系统。市场环境包括经营环境、市场机会和收益保障三个方面的内容。经营环境影响企业的战略决策或盈利计划能否实施及实施的顺利程度，这是因为任何一项具有潜在机会的战略在制定和运作过程中会受到来自外界自然或人为的影响；市场机会是指由于市场供求结构不均衡引起的尚未被他人认识到的盈利机会，企业家正是通过对机会的敏锐洞察和及时行动获取利润的；收益保障表明企业家最终能保留所创利润的大多份额，企业家活动的目标就是盈利，对未来收益安全性的预期必然影响其努力水平（孙早等，2006）。

2.4　本章小结

本章首先定义了企业绩效及企业绩效评价概念，企业绩效分为“结果”和“行为”两个方面，相应地对企业绩效的评价也应从财务指标和非财务指标如市场占有率、销售增长率等方面进行综合考虑。同时，根据我国民营企业的现实情况及研究的需要，本书对所研究的民营企业及其高管团队、民营企业 CEO 进行了界定。然后，本书对本研究所需要的运作过程基础理论进行了概述，为后面分析高管团队运作及高管团队特征奠定理论基础，最后，本书对绩效差异理论进行了阐述和分析，它是后面分析企业绩效影响因素的理论基础。

第 3 章

民营企业 TMT 特征分析及其对企业绩效影响的理论假设

本章将在前面文献综述的基础上，利用第 2 章的阐述的理论，并结合本书的需要，来分析我国民营企业 TMT 特征在当前社会环境下对企业绩效的影响，提出本书的假设，同时这也是本书后续分析和研究的基础。

3.1 民营企业高管团队特征分析

本节主要通过对民营企业与国有企业 TMT 运作环境和运作过程的分析，得出目前我国民营企业在人口统计同质性与异质性特征上存在的问题。

3.1.1 运营环境的差异导致民营企业与国有企业 TMT 在构成特征上存在不同

由于不同类型企业在其政策、结构、文化、环境、成长历程等特征方面存在一定的差异，因此，各类企业高层管理团队面对的经营环境会有所不同，从而导致不同的运作过程。考虑到外资企业的高层管理者更多地受到国外管理理念的影响及其在数量上较少等因素，本书认为外资企业或合资企业在分析中国特色的 TMT 特征与运作机制时不具有代表性，因此，本节只对民营企业和国有企业 TMT 运营环境做了对比分析。

1. 外部经营环境的差异对不同所有制类型企业 TMT 提出了不同的要求

目前，中国经济仍处于转型期。在真正的市场经济条件下，政府与企业的关系应该是明确而简单的。然而，在目前情况下，由于各种原因，使得政企关系比较含糊且复杂（唐少青，2002）。不管什么性质的企业，都是在政府的管理之下，但不应该是直接的管理和干预。政府是制订和维护“游戏规划”的。“游戏规划”制订得是否合理、科学，制订者是否也参与其中，会对企业经营者产生不同的影响。

虽然从表面来看，无论是国企还是民企都在相同的法律和政策环境下进行日常经营，但政府作为制度的制定者，且直接或间接地参与其中，并没有公平地对待所有的企业。因此政策环境影响的主要表现是政府干预对不同类型企业的影响。根据凯恩斯主义的“政府干预理论”，信息的不完善和市场的不健全，导致市场只能发挥有限的作用，在公共品、外部性、垄断等方面，市场并不能有效地配置资源，达到社会福利的最大化，即存在“市场失灵”（Keynes，1936）。因此，政府需要对市场实施必要和适度的干预，它反映了市场经济发展的内在的和客观的必然要求。从理论上说，凡是能够影响经济主体行为的政府行为，都属于政府干预的范畴。因此，政府干预是国家经济运行的必要手段。但问题是，我国正处于经济转型期，国家的各项政治经济制度正处于不断地发展完善之中，并未实现真正的政企分离。

一方面，我国国有企业掌握着国家的经济命脉，大都处于垄断地位，因此政府对国有企业的干预远大于民营企业。这就会造成国有企业的高管缺少冒险精神；同时，国有企业的高管大多由政府任命，这也会造成企业TMT的冲突会进一步加剧。因此国有企业的高管相对于民营企业来说，需具备更强的处理内部冲突的能力和协调内部各种关系的能力。而对于民营企业来说，由于受政府直接干预的可能性要小于国有企业，从而民营企业的最高领导者有更强的自主权；但同时由于其完全自负盈亏，缺少政府的“买单”，导致民营企业面临更大的经营风险；这就需要民营企业的高层管理者具备较强的战略决策能力和为追求利润最大化而甘于冒风险和规避风险的能力。由于最高领导者具备更强的自主经营权力，尤其是完全自主的人事权，相对于国有企业来说，民营企业的内部冲突较简单，也易于处理，TMT成员也相对来说可以用较少的时间和精力来处理内部冲突与关系。

另一方面，相对于国企，我国民企成立时间较短，规模较小，高管团队往往面临更强的市场竞争和环境不确定性，使民营企业抗风险的能力更低，因此国家各种政策的出台往往更能引起民营企业TMT成员的关注，这些政策对民营企业的影响也往往大于国有企业。这是因为在国有企业中，政府的直接参与在一定程度会影响TMT运作效率，但政府也给予国有企业很多的保护和照顾，而民营企业就没有这种优待了。所以，民营企业需要花更多的力量去处理各种关系。对这些关系的处理，有的经营者认为比正当竞争中的问题还要难以解决。如国企和民企在获取资金的渠道上，就存在差异。我们认为，这与政企关系也有比较大的关系。因为我们的银行也不能完全按市场规划运作，银行往往是国家金融政策成功实施的主要途径：一方面国家本身对国有企业政策上的倾向；另一面是银行对民营企业的歧视，使民营企业在我们的银行难以得到同样的“待遇”。

2. 企业内部经营环境的不同对 TMT 的影响不同

（1）企业文化影响的比较。决定企业文化最根本的因素是产权制度，从产权经济学而言，产权关系是决定经济制度的最关键因素。根据产权关系的不同，我国有国有企业文化与民营企业文化之分（叶生，2007）。崔明等认为国有企业与民营企业的不同属性，决定了两者之间的企业文化的差异。并归纳出精神追求、体制形式、员工行为是两者之间的重要差异（崔明等，2009）。

美国学者戴维·J. 弗里切指出，“文化间的差异”将导致“人们处理问题、表达思想和制定决策的方法不同”。也就是说，企业文化深刻地影响着决策过程。由此可以推断决策主体的文化价值观存在和作用于决策的过程中，制约着决策活动和决策方案的最终选择。从决策的深层机理看，企业文化与决策过程存在着互动关系。换言之，决策偏好的存在以及文化的纠偏功能，使决策过程必然要受到文化的制约。或者说，决策总要折射出决策主体的文化差异。因此，即使各种条件相同，在不同的企业文化类型的作用下，决策的选择也将不同。企业文化的决策意义在一定程度上左右着企业战略的实现。

国有企业的企业文化在精神追求层面更多地体现出社会责任和社会使命；而民营企业的企业文化更明显的是在诉求企业和员工价值，公司的价值观偏重“变革创新”“顾客导向”等因素（孙海法等，2012）。企业精神、价值取向上的不同，会进一步引导和体现不同的决策理念（冯峰，2001）。国有企业的企业文化会使国有企业更多地追求稳步发展，在战略决策过程中会把社会责任放在重要的地位，从而使企业不愿冒风险；同时，这种文化精神的“纠偏”作用，也会选择那些处事稳妥，思维缜密的高管人员。而民营企业文化的价值观决定了民营企业更多地是以经济利润最大化作为战略决策的基础，在战略选择上为了追求更大的经济利益，甘冒风险，喜好发挥灵活自主的经营方式，通过各种关系的运用达到目的。因此民营企业对高管团队成员的决策的果断性和对战略的快速分析能力要求较高，同时对 TMT 成员处理外部“关系”的能力也提出了较高的要求。

在体制方面的不同主要表现在企业主体文化不同。虽然中国经济正处于转型时期，但国有企业的产权性质决定了国有企业要想摆脱“政府行政领导体制”的基本框架仍有很长的路要走。目前，国有企业的组织机构是行政组织机构的延伸，它反映的仍是一种上下级的行政关系与制度文化（王柯敬，2005）。国有企业的行政化体制一方面使其获得了更多地因垄断带来的规模效益及政策优惠，分散了国有资产的经营风险；另一方面，国有企业的产权机制，增加了委托代理成本，其社会效益和经济效益的多元化目标，除了降低企业效益外也进一步加剧了 TMT 成员内部的冲突（李杨，2004）。相对于国有企业而言，民营企业产权属于私有。这种产权机制使民营企业 TMT 具有极高的自主决策权，且经营较灵活，组织反应较快，使 TMT 战略更易实施。但民营企业的产权性质决定了大多民营企业是实行的是“家族式”管理。这种管理方式会使决策的随意性增大，缺乏科学、民主的决策程序，管理不规范，从而导致 TMT 的战略决策失败的风险增大，或个别成员的战略思路因无法得到充分的讨论或因“一言堂”而被忽视，这些都大大影响了决策的效能。此外，民营企业的家族内人员权力和外部人员权力的分配，会降低企业的向心力和凝聚力。

员工行为是企业文化精神理念与制度规范的外化。由于国有企业在薪酬、住房、子女教育、社会保障等方面待遇相对稳定，再加上目前社会上对民营企业的歧视仍然存在，国有企业相对于民营企业更容易吸引追求稳定的员工，他们对企业表现出更多的忠诚；但国有企业在自我发展和个人创新上的表现较少，员工的执行力相对较弱，因此，国有企业 TMT 制定的战略必须非常的合理科学，否则执行过程中会因员工的创新动力不足，失去对战略决策纠偏的机会。而民营企业由于在薪酬设计有更大的自主权，且大多制订的是竞争性的薪酬，因此与员工会表现出更多的组织遵从和个人创新性行为，员工之间的竞争性行为较强，且往往能够快速地反应，表现出较强的执行力。但由于民营企业忽视对员工的职业生涯设计和培训投资，因此很难使员工将自身发展与企业命运联系在一起，使得员工的组织忠诚表现较弱，缺乏主动性和责任心，导致企业绩效的降低，从而影响到 TMT 战略的选择。

（2）对 TMT 激励机制影响的比较。根据吴晓求等（2006）的统计结论，高管激励强度在国企和民企之间存在非常显著的系统性差异，国有上市公司的高管激励强度则显著低于民营企业。崔明等通过问卷调查得出，从动机这个角度来看，民企经营者在更大程度上是为了追求企业的发展、个人的高回报及事业的成就，而国企经营者有时更多地关心上级主管部门的评价以免影响自己的晋升。动机是用来解释行为的最直接手段，由于国企和民企在动机角度存在差异，因而这两种不同类型企业的激励机制对 TMT 成员的影响也并不相同。李维安等（2006）认为公司的分配体制直接影响高管的决策行为，进而影响企业绩效。对国有企业 TMT 成员来说，由于更多的是关注今后的晋升，因此，物质激励对 TMT 成员的动机并不能直接产生直接动力，因此物质激励也就对企业绩效影响不大。这与魏刚（2000）的高级管理人员的年度报酬与公司的经营业绩并不存在显著的正相关关系的观点相吻合。而民营企业 TMT 成员由于无仕途晋升的希望和动机，因此转而追求一种高收入，所以民营企业对 TMT 的高强度激励会满足其行为动机，使其决策更为科学合理，进而提高企业绩效。这与张大勇等（2010）的结论：中国民营上市公司高管现金报酬与公司绩效显著正相关，即能够表现出一定的激励作用相一致。

（3）TMT 所支配的资源不同。资源学派创始人 Wernerfelt（1984）认为公司内部资源对公司获利并维持竞争优势具有重要意义，公司内部环境同外部环境相比，对企业创造市场优势更具有决定性的作用；企业内部的组织能力、资源与知识的积累是解释企业获得超额收益、保持竞争优势的关键。企业所拥有的可支配的有形和无形资源是制约 TMT 战略制定与实施的基本因素，这是因为资源的缺乏性与不可获得性会严重地限制可供企业选择的战略方案。但我国的政治经济环境及企业的产权性质决定了在目前经济转型过程中，企业 TMT 可支配的资源存在很大的差异。

①有形资源方面。有形资源一般包括诸如资本、贷款、土地、设备、劳动力等企业借以生产经营的基本物资资料。国有企业的“国有”身份注定了其在有形资源较民营企业有较大的优势。根据国内学者的统计，一般来说，国有企业往往资金充裕，相对于民企较容易获得银行贷款且融资成本较低，土地、设备等可以依靠国家政策的支持轻松获得。此外，国有企业的员工整体素质要强于民营企业，这是因为民营企业相对于国有企业来说仍受到社会的歧视，国有企业稳定的工作环境等因素使国有企业更能吸引到优秀的人才。因此，国有企业比民营企业拥有更强大的有形资源，在稳定的环境中具备该资源是非常重要的，它使企业 TMT 拥有了强大的整合系统形式的资源优势。因为在这种环境下，各种权利、财产和合同的价值是很容易精确估算

的，而这种可预测性可以让企业在一定时期内获取竞争优势（孙满，2011）。

②无形资源方面。企业的无形资源是指企业拥有的诸如科技研发能力、专利、企业声誉、产品声望、企业的关系网、企业有利的地理位置以及企业独特的功能性能力等。相对于有形资产而言，无形资产不容易通过交易手段而获取。Andrews（1997）认为，一个企业应有的、最为重要的无形资产是其区别于同行业中其他竞争对手的竞争能力。它能为企业带来战略上的竞争优势。国有企业对资源的垄断性、良好的政府关系网、多年形成的品牌及企业声誉，这些无形资产都是相对来说规模较小、成立时间较短、管理不太规范的民营企业所不具备的竞争优势，它们对TMT的战略的制定和策略的选择产生很大的影响。

总之，民营企业和国有企业在企业文化和内外部经营环境的巨大差异，影响了企业TMT特征的组成，也直接或间接影响了TMT决策过程和战略选择，进而影响企业绩效。因此，即使完全相同的TMT在不同性质的企业中所发挥的作用对企业绩效的影响可能产生较大的差异。显然，在研究民营企业TMT运作过程时，我们必须要考虑到民营企业的企业文化和内外部环境对其产生的影响。

3.1.2 民营企业TMT特征与TMT运作过程的关系分析

企业TMT运作过程被视为高阶理论的“黑匣子”，一直受到国内外学者的极大关注[8]。对我国TMT运作过程的研究，学者大多采取了无差别的研究。由3.1.1节的分析可知，我国民营企业和国有企业TMT发挥作用的环境及所支配的资源有很大的差异，因此这种无差别的研究可能会导致无法真正揭示不同类型企业TMT运作过程，从而出现结论上的不一致。本节力图以理论分析为基础深刻揭示民营企业TMT运作过程及TMT特征对运作过程的影响机制，为揭开运作过程对TMT特征与企业绩效之间的关系奠定基础。

根据以往对TMT团队的研究成果，一般来说，高层管理团队的运作过程则包括团队成员之间的协调、沟通、冲突处理、领导和激励等行为。民营企业的管理模式是TMT运作过程的基础。由于民营企业的发展历程以及经营环境明显不同于其他类型的企业，因此民营企业的管理模式也不同于其他类型的企业。我国现代民营企业的发展历程有三个阶段，一般可以分为创业、发展和巩固提高，与此相适应，也出现三种管理模式。

（1）在创业阶段由于企业规模小，业务较简单，易管理，因此大多采取了“家长式”管理方式。其基本特征是：创业者既有一定的资金和专长也懂得生产技术，往往采取一个人决策，大小问题一个人说了算，口头式管理，无成熟的规章制度，遇到问题时随口再立新规章。

（2）在企业的发展阶段，随着企业规模的扩大，创业者感到力不从心，开始以血缘和友情为纽带组建高管团队，管理模式进入了“家族式”管理，这时的决策是创业者领导下的集体决策。

（3）当企业规模进一步扩大，企业专业人才的缺乏成为企业发展的“瓶颈”，这时企业开始引进高层次的技术和管理人才进入企业的高层管理团队，企业 TMT 的运作成本开始增加。

1. 民营企业 TMT 的沟通过程

良好的沟通能够有效整合团队成员的专业知识，实现信息共享，沟通的有效性会对团队的绩效产生影响（Green，2003）。

（1）民营企业 TMT 沟通机制分析。信息发送者的技能、态度、知识和价值观，接受者的技能、态度、知识和价值观，沟通渠道的选择，外部噪声是影响沟通的主要因素。因此，沟通的有效性主要是信息发送者和信息接受者共同作用的结果；同时也受到沟通环境如企业文化等的影响。民营企业的“家族式”或“家长式”管理模式决定了其创业者是公司信息最主要的传送者和接受者。因此董事长或 CEO 个人的技能、知识、价值观及所倡导的企业文化，很大程度上决定了企业 TMT 团队沟通的有效性。但民营企业的领导者接受现代经济管理教育的机会较少，他们带领企业逐步发展壮大，因此领导者的价值观和过去的经验是民营企业文化的重要来源；同时民营企业的成长历程也造就了其更多地注重关系资源、注重短期物质利益的精神文化及个人集权、家企不分、高度灵活的行为文化与重人管而轻制度的制度文化（余沿福，劳兰珺，2009）。首先高度集权在一定程度上阻碍了充分的沟通，它使领导者与 TMT 其他成员之间的沟通变为单向沟通，导致 TMT 成员无法完整地向最高管理者传达自己的信息，尤其是与董事长或总经理不一致的信息。其次，民营企业的“家族性”注定了家族内部的 TMT 成员因血缘关系的原因，使得沟通变得更加顺畅；血缘和民营企业的人际关系的复杂性使得 TMT 家族成员和非家族成员的沟通容易受到外部噪声的影响从而降低沟通的效果。此外，由于民营企业往往无明晰的发展目标和发展战略，或这些发展目标只掌握在董事长或 CEO 的心中，但受知识和技能水平所限，无法准确地表达，这些都为沟通带来了不利影响。无明确的制度或对制度的漠视，也给沟通带来了极大的障碍，对任职时间较短的高管成员只能靠揣摩和慢慢对企业文化的融入来处理与上级和同级高管成员的沟通。

总之，民营企业TMT的沟通是一个复杂的过程，受董事长和（或）CEO及家族人员的技能和知识认知所限及企业文化的影响，民营企业TMT的沟通更多地是单向沟通，对家族外TMT成员来说，团队成员间沟通变得更为复杂。

（2）民营企业TMT特征对沟通过程的影响。Hambrick等认为团队成员的人口统计特征代表了团队成员的认知基础、价值观、洞察力。因此TMT人口统计特征在一定程度上能代表信息的数量和传达及接受信息的技能、态度、知识和价值观，从而对沟通会产生直接或间接地影响。

教育背景在一定程度上代表着人的知识和能力基础，并且影响人的认知和判断以及决策过程。受教育程度较高的TMT成员更善于采用合适的方式表达所掌握的信息，并且更容易全面理解所接受的信息，因此TMT平均受教育程度能够促进沟通的质量和效率。具有专业教育背景如经济管理的TMT成员，会对企业的组织设计、企业文化有更全面和深刻的认识，从而更可能进行充分的团队沟通和集体互动。而具备理工科教育背景的TMT成员，由于其所掌握信息的技术性更强，但管理知识欠缺，导致他们对民营企业的人际关系和管理上的随意性难以应付或不适应，进而影响沟通的数量和质量。

TMT成员的平均团队任期越长，越容易形成类似的感知和决策方式，团队成员相互之间的熟悉程度及理解程度、对企业文化的认知度与接受程度越高，越容易求同存异。因此民营企业TMT成员的平均任期对沟通的数量和质量产生正向影响。Eisenhardt等（1990）发现：长时间的团队共处会让成员更加懂得如何沟通和合作，任期长的高管团队对公司有更深刻、更全面的理解，所以团队平均任期越长越能促进高管团队寻找和处理复杂问题的能力，进而提升信息交流的数量和质量。但民营企业的家族性和目标短期性决定了当团队任期达到一定程度后，成员之间相互猜疑、争权夺利，经过学习效应的作用，知识的共享也达到较高程度，这时成员之间对企业有利的信息交流较少，就会影响沟通的数量和质量。

团队平均年龄代表了团队的社会阅历，同时在一定程度上也代表了对企业文化及工作的理解认知程度。在民营企业中，由于大多数TMT成员是企业发展壮大的参与人和见证人，容易产生居功自傲心理，轻视年轻的成员，造成沟通的数量和质量都受到影响。此外，年轻的TMT成员体力充沛、思维较活跃，更倾向于冒险和在工作中表现自己，乐于在工作中根据自己的经验和专长发表看法。因此，团队的平均年龄越大对沟通的负向作用也越大。

团队成员的职业背景在一定程度上代表了经营管理知识的丰富程度，显然具备的知识面越宽，越有利于对所传达信息的理解；同时，所掌握的知识面的宽泛程度，及因具备多个不同职能职业背景所带来的人脉关系，有利于沟通数量和质量的提高，也更有利于对信息的接受。

Amason（1997）认为团队规模代表了该团队的结构和构成情境。TMT规模越大，意味着会有更多的信息输入和接受，从而增加了团队沟通的复杂性，民营企业不规范的制度或无制度化的企业文化对沟通的影响也会因TMT规模的扩大而被放大。此外，高管团队规模的增长，会进一步增大高管团队的观点异质性、价值导向异质性以及利益异质性，从而约束团队的凝聚力和沟通水平，加剧团队的分化（Wiersema，Bantel，1992）。

TMT特征异质性对沟通的影响。根据社会学的“物以类聚，人以群分”理论，年龄、教育背景、职业背景等特征相似的人容易形成“小团队”。而心理学的研究认为具有相似特征的团队在对事物的看法方面会呈现出很强的相似性，这种在价值观、信仰和态度方面的相似的团队具有较高的认同度和凝聚性（Byrne et al.，1962），但却降低了信息在所有TMT成员间的开放性获取，进而影响整个团队的沟通效率和沟通质量。此外，吕克（2005）等认为如果团队目标不明确，或者团队目标与成员个体目标不一致，成员就会无法专心工作，各种不良人际关系就会容易滋生。因此，民营企业目标的不明晰性、制度文化背景和家族性为TMT中的“小团队”提供了温床，而TMT特征的异质性进一步加剧了这种圈内和圈外小团队的稳固性。也即：TMT的异质性对沟通起到了负向作用。国外Zenger和Lawrence（1989）及国内姚振华和孙海法从不同角度验证了TMT特征的异质性与团队的沟通水平负相关。

2. 民营企业TMT冲突过程

（1）民营企业TMT冲突机制分析。孙海法等认为冲突是企业组织的一种普遍现象，民营企业高管团队的冲突关系到企业的绩效及可持续性发展。陈晓红等（2010）认为因为民营企业的冲突管理机制不健全，目前我国民营企业TMT冲突更多地会表现出破坏性的特点。民营企业TMT冲突主要表现在以下几个方面：企业内部家族成员间的权力争夺冲突、家族成员和外部引进高管的冲突、任务冲突。

民营企业的“泛家族”特征是TMT冲突的主要根源。“家族”和“亲缘”化的管理特征与“职业化管理”的不协调成为制约民营企业进行现代化企业管理发展的瓶颈。在泛家族化管理模式下，企业的经营权与所有权高度集中在家族成员或创业元老手中，大部分民营企业的董事长同时兼任总经理，他们的素质、知识、能力往往不是很高，企业内部管理随意性非常大，人情关系大于制度，企业文化往往也以泛家族核心成员的意志为核心构建起来的。泛家族的这些管理特征显然与职业化管理的要求是不一样的，由此引发了泛家族成员内部的权力冲突和泛家族成员与职业经理人之间的利益冲突问题（谢科范等，2007）。泛家族成员内部的权力冲突会降低团队凝聚力，导致关系冲突。由于职业经理人在管理过程中，或多或少会触及到泛家族成员们的诸多利益，来自泛家族的成员们对职业经理人的决策常常采取阳奉阴违或根本不予执行的态度对待，导致冲突事件因此而生且不断循环下去，其冲突过程曲线类似正弦曲线式延伸（谢科范，2007）。此外，薪资和感知的权力差异，容易使泛家族成员与职业经理人之间产生关系冲突；而任期和价值观差异不但造成任务冲突，也导致关系冲突。泛家族化管理特征往往导致职业经理人无法真正参与到企业决策中来，使得他们往往对于企业中各种决策产生抵触，难以有效地进行决策。民营企业文化建设滞后，无法形成统一的价值观，导致决策缺乏明晰的发展目标和方向作指导，使TMT成员的认知方向无法集中，进而引发关系冲突，严重影响企业的战略决策。

在微观层面上，民营企业家的决策权偏好及TMT成员较大的认知差异性构成了TMT冲突的另一主要来源。民营企业的决策权往往掌握在董事长或总经理手中，大小决策都是一人说了算，轻视其他TMT成员的建议，严重削弱了企业TMT成员对决策的关心和参与，降低了决策的质量和TMT成员的热情。我国由于民营企业的“家族”和“亲缘化”特征，高层管理人员在知识结构、年龄构成、职业背景、行业经验以及个人气质类型等方面差异较大，民营企业这种TMT构成上的异质性，也就不可避免地产生群内冲突。

目前，民营企业对TMT冲突管理主要采取了防止冲突升级的低级冲突管理目标，这是因为在民营企业高度集权的管理体制下，TMT冲突更多地表现为关系冲突，它给决策带来了负向作用，这一负向关系已得到普遍的认可。由于在民营企业缺乏信任的基础，意见上的分歧往往导致任务冲突向关系冲突转化。民营企业的最高领导者容易导致认知上的差异，致使成员的积极性受到压抑，再加上泛家族化特征带来的派系之争都为任务冲突转化为关系冲突提供了条件。由于民营企业从家族中整合高层人才的可能性很小（李文明，赵曙明，2005），目前民营企业还不具备抑制任务冲突向关系冲突的转化的能力。

（2）民营企业 TMT 特征对 TMT 冲突的影响。由冲突的定义可知，冲突的来源分为两类：一类是因来自不同的个人在价值和观念的不同产生的关系冲突；另一类是指在追求组织目标实现方面的不同意见以及存在的利益不同而产生的任务冲突。因此，本书认为 TMT 特征对冲突的影响主要表现在特征异质性对冲突的影响。

刘海山（2007）认为冲突在异质性团队里比在同质性团队里更常发生，异质性特征使得团队成员在决策问题上往往有不一致的意见，从而增加了冲突的可能性。Pelled 等（1999）认为由于成员的职业背景、教育背景、任期是与工作紧密相关的特征变量，它们更多地反映了团队成员在知识上的认知差异，因而更能促进任务冲突。性别、年龄、种族等与工作无直接相关的异质性特征，容易导致关系冲突。民营企业的管理特征和企业文化上的先天不足决定了这种差异会加剧 TMT 冲突。民营企业的泛家族性特征，导致的高层管理团队整体素质不高，使得团队成员在进行决策时往往以自身的背景如职业、教育和任期等背景作为决策的认知基础，不同的背景必然的会导致不同的看法和认知基础，从而产生任务冲突。但民营企业存在的权力和利益之争容易使这种任务冲突转化为关系冲突，从而给团队绩效带来负面作用。在民营企业中，外来职业经理人往往在刚进入企业时，受到企业最高领导者的高度重视，甚至是对之言听计从；但由于和泛家族成员在知识水平和认知水平上存在很大的差异，再加上民营企业的急功近利，经常因为一两次的冲突或职业经理人偶尔的失误，会使职业经理人遭受严重的信任危机，这种信任危机的结果往往是泛家族成员把职业经理人逐出公司。民营企业的高离职率也验证了这一点。因此，民营企业的董事长及总经理的个人素质及泛家族外成员与泛家族成员的特征异质性在对团队冲突的影响起着更为关键的作用，这种差异性越大，越容易引起团队的各种冲突。

综合以上阐述，可以用图 3.1 来直观地把冲突的作用机制表示出来。

3. 民营企业 TMT 激励过程

团队激励是对团队运作的一个不可缺少的过程，恰当的激励能够激发团队成员的积极性，增强团队的运作效率，进而提高团队绩效；相反，如果对团队激励不当，容易导致团队成员的不公平感、工作松懈、关系冲突加剧、

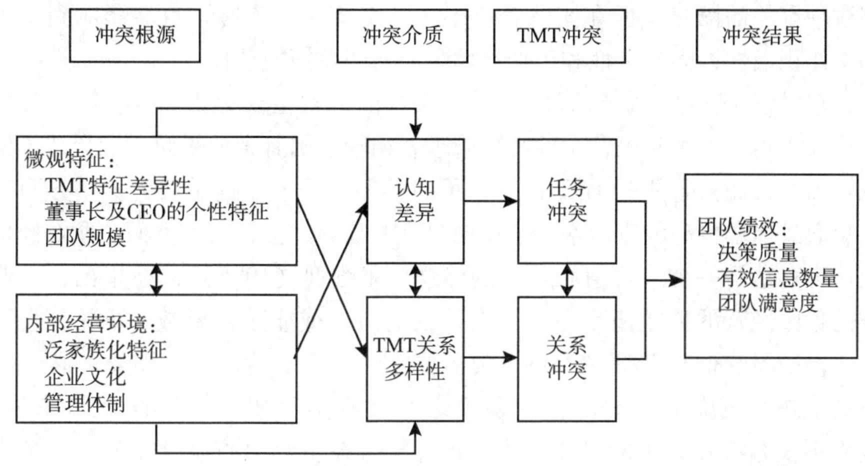

图3.1　TMT冲突机制示意图

成员离职等负面作用，进而降低企业绩效。由团队理论可知，团队绩效是团队共同努力的结果，它并不是每个成员绩效成果的简单累加。以往国内外学者对激励的研究大多仅限于对团队个人的研究，忽视对团队整体激励的研究，导致得出的结论无法解释企业的整体绩效。因此，本书认为对TMT的激励分析，除了关注企业对个体的激励外，还加入了对团队激励的分析。

民营企业的泛家族特征使得民营企业的激励过程变得更为复杂。家族成员往往比非家族高管成员获得更高的薪酬和股权收入，且家族成员相比非家族成员有更大的决策参与权。这些都容易造成激励上的困难，使非家族成员产生不公平感。但民营企业相较国有企业在激励措施方面自由度较大，在薪酬发放和晋升方面有更大的自主权，民营企业对TMT激励的目标就是如何使团队成员有持续长久的工作积极性，从而提高企业绩效，而不是追求立竿见影的短期效果。根据经典激励理论可知，激励的有效性取决于完整的系统性、良性的过程。

我们借用“绩效函数”模型来分析民营企业的激励机制，该模型认为员工的业绩是多种因素共同作用的结果。可以用以下公式表示：

$$P = f(M \times Ab \times E) \tag{3.1}$$

在公式3.1中各个变量的含义是：P(Performance）指个人工作绩效；M(Motivation）指工作积极性（激励水平）；Ab(Ability）指工作能力；E(Environment）工作条件（环境）。该公式揭示了决定个人绩效的三个关键因素：积极性、能力、工作条件。在这三个因素中，积极性被认为是与激励有关的因素，但在团队合作中，工作条件（环境）也会影响到个人的工作积极性，而积极性和工作环境是能力的发挥的载体。

在民营企业中，影响TMT成员积极性的因素主要分为四类。第一类是经济收入需要。由于民营企业高层管理者相较于国有企业来说，社会地位偏低。因此，民营企业的TMT成员有更高的经济需要，这是因为，一方面他们想通过追求更高的生活水平来证明自己的社会地位；另一方面，职业经理人认为财富是一个人价值和能力的体现。张维迎（1995）也曾指出，企业家的意愿经营的期望值是他们个人财富的增（或非减）函数。可见，经济需要仍是民营企业TMT成员的主要需要之一。第二类是权力需要。高管人员的工作性质决定了TMT成员具有较高的权力欲望。对TMT成员来说，权力不仅是有效管理的必要手段，也意味着在企业中的地位和声誉。第三类是成就需要。民营企业的非家族成员作为职业经理人，大多具备较高的素质，对工作的成功有强烈的要求，他们愿意接受挑战性的工作，乐于实现自己的价值。第四类是安全需要。由于民营企业相较于国有企业来说，经营存在很大的不确定性，管理体制不健全，导致高管离职率较高，感觉职业无安全保障。

有效的激励机制应该是诱导因素、行为导向、行为幅度、行为时空、行为归化五种制度的有机结合，这五种制度都属于激励因素。其中诱导因素起到激发行为的作用，后四者起到规范行为和制约行为的作用（刘正周，1996）。本书根据这五种制度来对民营企业的激励机制进行分析。

（1）诱导因素主要是指通过满足个体或团体需要，激发其行为，进而达到组织目标或提高组织绩效。目前，民营企业采用的诱导因素主要为物质激励和非物质激励。由于民营企业在薪酬和晋升方面具有较大的自主性，因而，民营企业往往通过较高的薪酬水平和股权比例来激励高管成员。由于受先天不足及家族式管理条件的制约，民营企业往往忽视非物质激励或非物质激励起不到应有的激励作用。也即：民营企业的诱导因素往往能满足TMT成员的经济和权力需要，但无法满足成就、安全及社会性需要。

（2）行为导向主要是指统一成员的努力方向，倡导有利于目标实现的价值观。民营企业的企业文化和管理体制决定了行为导向制度与企业的董事长及总经理的有很大的关联性。

（3）行为幅度主要指对诱导因素的量的适当控制使之真正发挥激励作用。行为幅度的大小与企业规模和内外部经营环境、外部职业经理人薪资水平有关。但国内外学者的研究表明，物质激励并不是越高越有效。目前，民营企业在行为幅度方面基本处于一种无序状态，大多是企业的最高领导者随意制订，并根据成员表现随意调整。

(4) 行为时空制度主要是指与诱导因素和绩效相关联的制度。这方面的制度主要限制激励客体的短期行为，使组织所希望的行为方式具有一定的持续性并在一定的时期和范围内发生。由于民营企业往往急功近利，虽然不乏行为时空制度，但大多是短期行为，有时对TMT成员反而起到负向作用。

(5) 行为归化制度主要是指对激励客体违反行为规范的事前预防和事后处理，也即负激励制度。目前大多数的民营企业都有较严厉的负激励制度，此制度过于严厉也会带来不利的影响，他会使高管人员压力剧增，成就感下降。因此，国内外学者研究认为在现代企业管理中要慎用负激励。

由以上分析可以得出，我国民营企业由于受最高领导者的综合素质及能力、企业文化、管理体制的影响，还无法建立系统性的行之有效的激励机制。目前的激励体制主要表现在显性激励（如薪酬激励、股权激励、经济处罚）层面，主要考虑满足TMT成员的经济需要，但对成就需要、权力需要及安全需要等隐性方面的需要激励不足，关注短期绩效激励，忽视长期激励对企业绩效的影响。激励机制的有效性决定了TMT绩效，进而影响企业绩效，因此激励在TMT特征对企业绩效影响的关系中起着控制变量的作用。有效的激励能够激发TMT成员的积极性，使TMT各项能力得到最大程度的发挥，进而提高企业绩效；反之，团队成员的个人能力再高，如果没有工作的积极性，也就导致企业绩效的降低。

4. 民营企业CEO主导下的TMT团队领导过程

团队领导在团队运作过程中起着决定性的作用，它是团队进行高效运作的前提条件。TMT团队领导过程主要指团队领导人对团队的领导过程，他负责团队的协调、行为整合、激励指导成员、整合各种意见进行战略决策，指引团队发展方向，顺利实现组织目标，是团队与外部环境的中介（Zaccaro，Klimoski，2002）。

由团队领导理论可知，团队领导人的领导特质、领导行为、领导情境、权力运用过程是团队领导者进行有效领导的影响因素。我国民营企业的特点是家族式的管理模式，TMT团队领导人也即企业的最高领导者一般在企业中具有绝对的权威。他们往往是企业的创业者或继承人，集所有权、决策权、管理权于一身（刘海山，孙海法，2008）；他们对企业管理体制和企业文化的影响远大于国有企业的“一把手”。他们的领导特质和领导行为会影响团队冲突的解决、沟通的数量与质量、激励机制作用的发挥。刘海山和孙海法（2008）通过半结构化访谈的研究方法，研究发现民营企业 CEO 不同的个性和领导风格直接影响了 TMT 成员之间的沟通、冲突、激励及决策过程。变革型 CEO 领导下的团队整合度及成员信任度高，有助于提高成员对企业整体目标和工作任务的认同，使团队能够进行有效的冲突协调和积极沟通；相反，家长型 CEO 领导下的 TMT 团队往往整合度较低，成员间各自为政、互不信任，无法形成对目标和任务的认同感，影响了信息的共享，激化了各种矛盾冲突，无法形成有效的激励，团队成员在决策中发挥的作用有限。此外，CEO 的个性及领导风格也影响了 TMT 的组成及结构。

民营企业 CEO 的领导特质和领导行为虽然直接影响了团队运作和团队绩效，但其只是有效领导的必要条件而非充分条件，其作用的发挥还受到领导情境的影响。也就是说领导与领导的有效性受到情境变量的影响，领导者必须根据具体的情境来确定最佳的领导行为。这些情境因素一般包括：TMT 规模及特征、工作环境、决策环境、下属的个性及特质、下属能力及工作意愿等（鞠芳辉，2007）。我国民营企业的泛家族化特征，导致家族内成员整体素质不高，但随着企业规模的扩大及企业发展的需要，有越来越多的民营企业开始引进职业经理人，使得 TMT 成员的特征异质性增大，这为家族化管理带来了难度。这时企业的最高领导者家长式的管理风格在职业经理人身上的有效性降低，甚至会引发职业经理人的抵触情绪。TMT 成员的个性及特质影响了团队的认知水平及战略执行，会对 CEO 领导的有效性产生影响。民营企业的所有权及泛家族化管理特征，决定了企业的最高领导者在组建团队时往往根据个人的爱好和对人才的理解来组建高管团队。但这样组建的团队缩小了人才选择范围，很难保障能够引进足够多的高素质的高管成员。因此，民营企业的最高领导者一方面影响了 TMT 成员的组成及结构；另一方面 TMT 的组成及结构特征影响了团队领导的有效性。民营企业的成长历程，决定了目前我国民营企业的决策方式大多仍是“一把手”的“一言堂”方式，这种模式保障了决策的效率；但同时却使决策的质量下降，尤其泛家族外的 TMT 成员的新鲜的更为全面的观点可能会因与泛家族成员尤其是最高领导者的观点不一致，而受到忽视，从而影响决策的科学性，进而影响企业绩效。

总之，民营企业 TMT 最高领导者的个性特征和特质一方面直接影响了团队领导的有效性，但其作用的发挥受 TMT 规模及特征、工作环境、决策环境、下属的个性及特质、下属能力及工作意愿等领导情境因素的影响；另一方面，最高领导者的个性特征和特质影响了 TMT 的组成及特征，

TMT的组成及特征又反过来影响领导的有效性。它们之间的关系可用图3.2来表示。

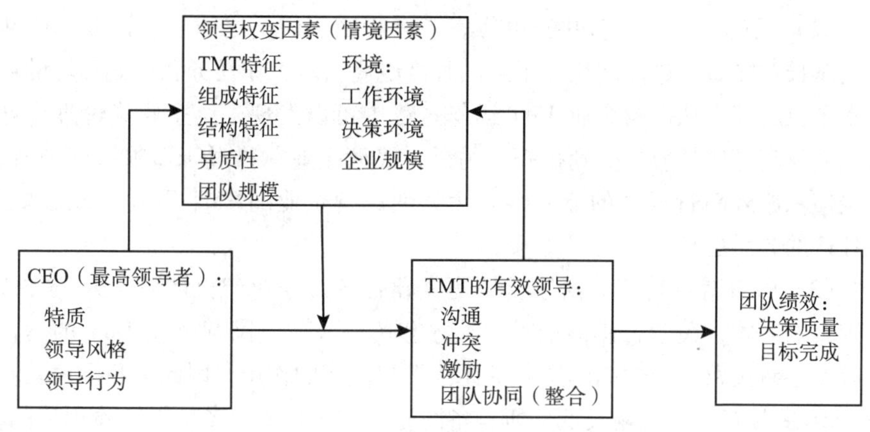

图3.2　TMT领导过程作用示意图

3.1.3　民营企业背景下的TMT特征

虽然高管团队特征一般包括隐性和显性两个方面的特征。隐性特征一般指认知能力、价值观、洞察力等与企业战略紧密相关的心理特征，显性特征指年龄、性别、受教育背景、职业背景等外在的可衡量的人口统计特征，但高阶理论认为人口统计特征变量代表了一个人的认知能力、价值观和洞察力等内在的心理特质，高管团队的心理特征是人口统计特征的外在表现。因此，在实践中，一般用高管团队的人口统计特征来替代团队的难以测量的心理特征，进而推断这些特征对高管的稳定性、企业战略的实施及企业绩效产生的影响。根据高阶理论，在研究高管团队绩效对企业绩效的影响时，可以用高管团队人口统计特征来表示高管团队的特征进行分析。因此，本书把民营企业高管团队特征用人口统计特征来表示。

根据前面对民营企业运营环境和运作过程的分析，可以得出民营企业TMT为了适应内外部经营环境，在其运作过程中，逐步形成了不同于其他类型企业的高管团队特征。具体包括以下特征。

（1）年龄特征。由前面的分析可知，民营企业从外部经营环境来看，面临更大的经营风险，民营企业的控制者为追求利润最大化和其本身具有的“机会主义”，经常任命敢冒风险的年轻的管理者。但民营企业的“泛家族特征”决定了企业的泛家族成员也是民营企业所有者必然的选择。所以，民营企业 TMT 年龄的异质性较高，泛家族成员一般年龄较大，而家族外高管成员一般年龄较小。

（2）任期特征。任期的长短代表了高管团队成员之间的熟识度。团队任期越长意味着成员之间相互了解的程度越高、对工作任务和所处环境的认知水平也越高。从民营企业 TMT 运作过程中可以发现，泛家族式管理会导致家族外高管成员容易受到排挤。另外，民营企业往往过于追求短期绩效，也会使家族外高管成员的流动性较大，使民营企业的 TMT 平均任期较短，但任期的异质性较高。

（3）教育背景特征。由于受历史文化传统、企业产权性质、管理方式等因素的影响，民营企业很难吸引人才和留住人才，民营企业 TMT 的运作过程也导致民营企业的高学历人员无法发挥应有的作用。因此，我国民营企业 TMT 受教育水平普遍较低，所具备的专业技术知识大多是靠经验积累的，缺少系统的学习过程。

（4）职业背景特征。职业背景是决策的认知基础之一，职业背景的不同容易导致不同的看法和认知基础，从而产生任务冲突。由前面分析可知，民营企业的泛家族性特征导致了高层管理团队整体素质不高，认知水平较低。职业背景的不同带来的认知方面的差异，会加剧任务冲突向关系冲突转化，关系冲突的结果是与团队整体职业背景差异较大的 TMT 成员离职。因此一般来说民营企业 TMT 的职业背景同质性较高。

3.2 民营企业 TMT 在企业治理框架中的作用分析

由企业绩效差异理论可知，影响企业绩效的主要因素是外部环境因素和内部环境因素综合作用的结果。外部环境因素的不确定性决定了企业面临的机遇和威胁，同时也为企业家能力发挥提供了“表演的舞台”。而企业内部环境系统决定了企业所拥有的资源和企业家对资源综合利用效率的高低，进而决定了企业面对竞争对手时的优势和劣势。在内外部环境对企业绩效的综合作用过程中，从事创新性工作的高层管理者的战略决策能力及产权所起的激励作用对企业绩效的影响不可忽视，因为它直接决定了企业绩效的好坏。

在经济转型时期，我国企业所面临环境中的不确定因素日益增多，外部不确定性因素主要来自于市场结构的剧烈转换、产业结构的迅速升级、政府政策的频繁更迭与技术的飞速进步，以及企业内部经营方面员工的价值观、人才观念及其发挥的作用都在悄然发生变化。因此，只有制定与外部环境变化相匹配的战略，利用企业内外部各种资源和核心能力，发挥人力资本的主观能动性，才能取得良好的企业绩效。

人力资本具有的主观能动性、难以计量性、收益递增性等产权特性，决定了人力资本对企业经营绩效具有最直接、最有决定性的影响。人力资本所有者是企业最能动、最活跃的因素[211]。企业家对现存的外部环境作出的理性或非理性的反应，是外部环境影响企业绩效的重要表现形式。姚树荣（2007）认为在外部环境稳定的条件下，企业绩效本质上是人力资本与制度安排的函数。人力资本决定了制度安排，但制度安排又对人力资本具有反作用，制度安排是通过对人力资本的作用而影响企业绩效的。但是，当制度与企业经营环境不相匹配，处于严重非均衡状态时，制度的创新就可能成为企业绩效的决定因素。企业家根据内外部环境做出的战略创新和制度创新是保持生存和发展的动力，是企业绩效提高的源泉。

因此，企业人力资本的创新动力及创新能力是决定企业绩效的关键因素。在市场经济中，一般性资源如物质资源、管理制度、技术具有可模仿性，因此，它们不可能是影响企和绩效差异的决定因素。而内生于企业内部的创新型人力资本（如企业的高层管理者）及其集成，不仅具有稀缺性和难以模仿性，而且能够保障使企业获取竞争优势，提高企业绩效。因而，本书认为内生于企业内部的高层管理者的经营努力程度和经营能力的高低是造成企业差异的根本原因，也是影响企业绩效的最本质的要素。

根据以上分析，可用图3.3来表示企业绩效的影响路径。

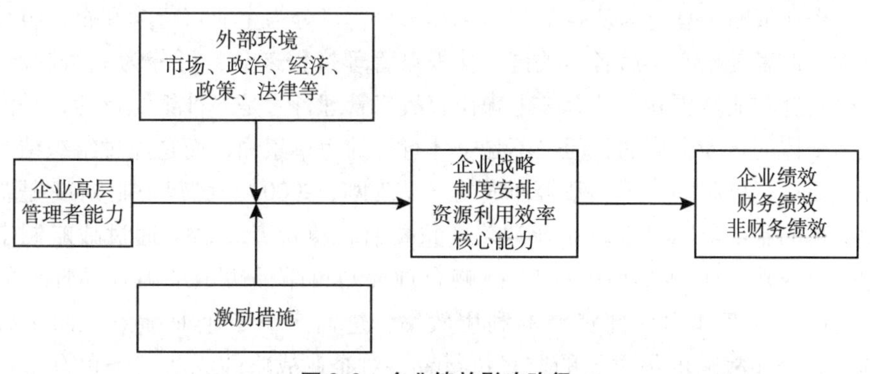

图3.3　企业绩效影响路径

3.2.1 民营企业TMT管理行为对企业绩效的影响

管理行为是对管理机制进行识别、获取（开发）、整合（利用）与保持的行为及过程，强调管理的动态性、流量性以及能力特性（路一鸣，王亚刚，2010）。在转型经济环境中，由于市场结构及产业结构变化迅速、政府政策更迭频繁，导致企业内外部环境不确定程度较高。在转轨过程中，国有企业可以利用政策发展，而民营企业所掌控的资源却无法与国有企业相比，因此，在竞争中需要依靠自身的独特优势来获取生存与发展的机会。由前面分析可知，企业家的经营努力程度和经营能力的高低是影响企业绩效的最重要的因素。民营企业的所有权往往集中于企业的最高领导者，因而CEO领导下的民营企业高管团队既拥有企业的物质产权和人力资本产权，也掌握着企业的制度创新能力和技术创新能力，对企业的经营管理负有不可推卸的责任，因此，民营企业TMT管理行为对企业绩效的好坏起着决定性作用。

Yukl和Espedal（2002，2005）认为管理行为通过提升效率和改善企业适应度的形式贡献于企业绩效，因而可以把管理行为看作为组织的一种资源。近年来，管理是一种组织资源的观点得到学术界和企业组织的认同。管理行为资源论认为管理行为是内生于企业组织的，更有利于解释企业绩效的差异。TMT管理行为可划分为TMT战略管理行为、TMT创新管理行为和TMT的人员管理行为。

1. TMT战略管理行为

企业战略管理行为从行为获得主体来分，可分为企业家行为和企业组织行为，前者是核心，后者是关键。从战略管理过程来分，可分为战略制定、战略实施和战略更新。从总体上来说，战略管理行为是一种组织行为，是由众多个体的行为组成的，但又不是个体行为的简单累加，而是通过组织结构和企业运行机制的作用，整合而成的（李玉刚，2000）。民营企业TMT是企业战略的制定者同时也是企业战略的重要监督执行者。TMT通过战略制定把企业内外部环境结合在一起，战略合理性与科学性决定了内外部环境的相互匹配程度和内外部资源的利用效率，进而影响了企业绩效。而TMT的作为企业战略的最重要的监督执行者，对企业战略的成功实施负有不可推卸的责任。因此，民营企业的战略管理行为及能力是企业的内生资源，它通过对企业内外部环境的匹配程度和资源的利用效率产生作用来影响企业绩效。

2. TMT 创新管理行为

企业的创新管理行为包括制度创新和技术创新。民营企业与国有企业在产权性质和内外部经营环境上的不同，决定了其在制度创新和技术创新方面的差异。民营企业 TMT 作为企业最核心的人力资本，其创新能力决定了企业制度对内外部环境的适用程度和企业核心技术能力的获取。企业制度是企业保持正常经营的关键，虽然制度需要保持一定的稳定性，但转型经济下，民营企业所处内外部环境复杂多变，这就需要对制度不断地加以补充和完善，否则会导致制度的非均衡状态，从而影响企业绩效。因此，制度应内生于企业内部，TMT 制度创新管理行为是制度不断完善的源泉。但根据技术的流动性、可模仿性，已有的技术并不会为企业取得核心竞争优势，只有不断发展进步的创新性技术才有可能增强企业的核心竞争优势，TMT 的技术创新管理行为影响了企业的技术创新步伐，进而会作用于企业绩效。

3. TMT 的人员管理行为

TMT 对员工的管理行为影响了人力资本作用的发挥。人力资本是企业的核心资源，但人力资本也是企业最具有主观能动性、最活跃、最难以管理的资源。人力资本对工作的积极主动性决定了企业的战略能否实现和组织。民营企业 TMT 拥有企业的人力资本产权，其管理行为不仅影响到对人力资本的激励及工作效率，也影响到了人力资本的整体能力和素质的提高，这是因为好的人员管理不仅能吸引到优秀的人才，也能使员工实现“干中学”和“学中干”，进而提高员工的素质水平。

民营企业 TMT 的管理行为对企业绩效的影响可用图 3.4 来表示。

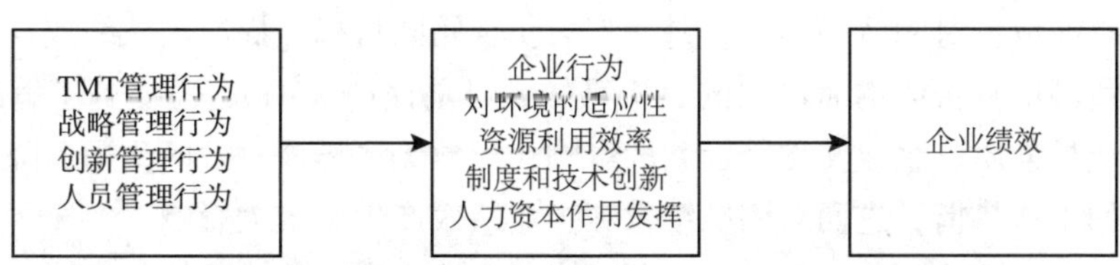

图 3.4　民营企业 TMT 管理行为对企业绩效的影响

3.2.2 民营企业TMT运作过程对企业绩效的影响

TMT团队的冲突来源是认知上的差异，团队冲突分为任务冲突和关系冲突。任务冲突是基于对工作认知差异而产生的冲突，不同的知识背景和知识结构产生的任务冲突，能够使团队在进行决策时从多角度考虑问题，对决策方案提供多方位的知识和信息，有利于提高决策的质量，进而提高企业绩效。但TMT对意见分歧或差异的管理能力会影响到任务冲突能否真正改进企业绩效（Schwenk，Valacich，1994），另外，若对任务冲突管理不当会导致任务冲突向关系冲突转化，因为许多关系冲突来源于对任务冲突的误解。Jehn（1995）也认为只有“适度”水平的任务冲突才是建设性的，因为它能够促进观点交流和任务完成方法与程序的改进。关系冲突往往是基于个人情感认知产生的冲突，它会促使群体成员集中于降低威胁、维护权力、构建小团体等活动，从而影响其改进工作的效力，在进行决策时将关注的重点集中于私人感情、私人关系和私人利益上，不利于团队决策质量的提升，同时团队成员的关系冲突易引起成员间相互攻击和打压的行为，降低了团队内聚力，进而影响企业绩效。甚至有专家认为对关系冲突处理不好会给企业带来致命的灾难。

Green（2003）认为，良好的沟通能够实现所有团队成员的专业知识与信息的共享及有效创新的整合，而这一整合程度会对跨职能团队的绩效产生影响，并且通过实证分析发现沟通频次与团队绩效呈曲线性的关系。Shaw（1981）认为，高管团队充分有效地沟通，能够提高团队的运作效率，增加团队的和谐气氛，提升解决问题的能力，决策过程中的信息共享行为可以促进企业绩效和创新。相反，如果团队沟通不畅，缺乏信息共享，在进行战略决策时无法作出正确的反应，使企业在适应动态环境中处于不利地位。此外，从交易成本角度考虑，有效顺畅的沟通能够降低协调成本，使团队更具效率和灵活性，进而提高企业绩效（姚振华，孙海法，2011）。Stewart等（2000）认为有效的沟通尤其是领导者或其他TMT成员的直接鼓励性沟通有助于提高成员对团队的信心，进而努力实现团队目标，提高团队绩效。由前面对我国民营企业沟通机制的分析可知，目前民企TMT沟通受到了管理体制、成员素质、企业文化等因素的影响，导致无法形成有效的沟通，降低了成员的工作热情，进而对团队绩效和企业绩效产生了较大影响。

由激励理论可知，激励是外部环境、个体主观决策或个体与环境之间交互作用对个体行为的影响过程。因此，有效的团队激励能够激发团队及团队成员的工作积极性，增加团队的运作效率，进而提高团队绩效和企业绩效。相反，如果对团队激励不当，容易产生团队成员的不公平感上升、工作松懈、关系冲突加剧、成员离职等负面作用，进而降低企业绩效。但激励并不是万能手段，激励存在边际递减效应，即高管激励最初可能主要表现为激励效应（Incentive Effect），而随着激励成本的不断投入可能导致过度激励，使得堑壕效应和隧道效应逐渐占据主流，不利于提升企业业绩（左晶晶，唐跃军，2010）。高管努力程度对企业业绩的影响也存在边际递减效应，进而可能使得高管薪酬和股权激励与企业业绩间在一定阶段表现为线性正相关关系，但从激励效果的长期来看呈现出左低右高的倒“U”形关系（高雷，宋顺林，2007）。通过前面对民营企业TMT的激励机制分析可知，目前我国民营企业对TMT还没有建立起有效的激励机制，主要靠物质激励和情感激励来激励和吸引并留住TMT成员；但忽视了其作用发挥的有限性，从长期来看并没有给企业绩效带来预期的效果。

领导过程是团队运作中最重要的一环，对于民营企业更为重要。TMT领导决定了能否对TMT进行有效地资源整合和行为整合。在目前，我国民营企业中，TMT领导主要是指企业最高领导者主导下的领导，有效的团队领导能够协调引导各方面冲突，实现信息和知识在成员间的完全共享，激励员工努力高效的工作，增加团队成员的满意度，提高团队绩效进而促进企业绩效。相反，无效的团队领导会加剧团队内部关系冲突，团队成员工作松懈，对团队信心不足，团队成员满意度下降，离职率升高，进而降低团队绩效和企业绩效。当然，团队领导对企业绩效的影响受到最高领导者个性和特质、企业文化、决策环境、下属能力等因素的干扰。

关于民营企业TMT运作过程与企业绩效的关系，可用图3.5直观地表示出来。

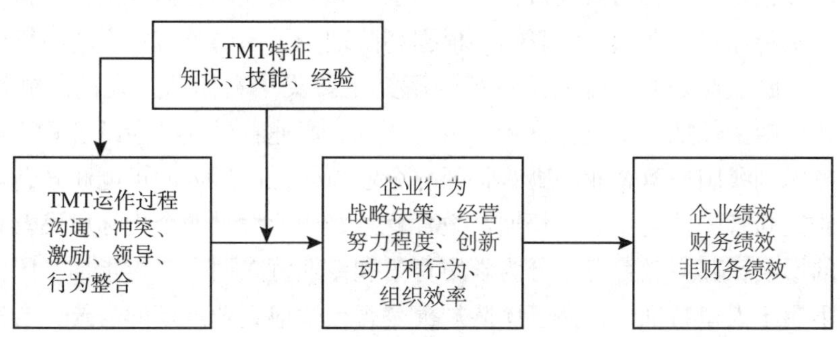

图3.5　民营企业TMT运作过程对企业绩效传递效应

3.3 民营企业TMT特征对企业绩效的影响的理论假设

企业高管团队作为企业的人力资本应包含隐性和显性两种特征。隐性特征一般表现为认知基础、价值观、洞察力等无法量化的心理特征，而显性特征包括年龄、性别、受教育背景、职业背景等外在的可衡量的人口统计特征(Boone, Van, 2004)。由于心理变量存在难以取得等问题，导致高管团队心理特征对企业绩效的影响研究局限于理论的描述和推导，无法在实践中得到证实。而高阶理论认为人口特征变量可替代认知基础、价值观、洞察力等难以测量的特质变量，并推断这些特征将会影响高管的稳定、企业战略的实施以及企业绩效。高阶理论拉开了以高管团队人口特征为变量实证研究高管团队特征与企业绩效关系的序幕。梳理已有的相关文献，研究高管团队人口特征对企业绩效的影响的思路主要分为两类：一类是研究团队同质性特征(即平均特征)对企业绩效的影响；另一类是研究团队异质性特征对企业绩效的影响。人口平均特征水平往往反映的是某一人口特征上的同质性水平，是从整体角度上来考虑团队效能；而人口特征异质性反映的高管团队成员在某一人口特征上的差异性水平，是从团队成员的个体差异来考虑团队的效能。根据高阶理论的观点，高管团队的人口统计特征代表了团队成员的认知能力、心理和行为特性，因而与企业绩效有关。高管团队的平均特征往往有利于保持团队内沟通渠道的通畅，提高团队的凝聚力，快速形成有效的决策；而高管团队的异质性有利于团队获得更多的信息来源和技能，认知多样性也有利于提高决策的质量。因此，同时考虑高管团队的人口平均水平和异质性特征更有利于全面分析高管团队特征与企业绩效之间的关系。循此思路，本节也将从高管团队人口特征平均水平和异质性两方面来探讨民营企业高管团队特征对企业绩效的影响。根据高阶理论及国内外有关企业高管团队的研究文献，对企业高管团队特征的研究主要集中在团队体现的总外部特征，如年龄、任期、受教育背景、专业背景、职业背景、社会经济政治地位等。考虑到我国民营企业的高管特征与企业绩效之间形成的可能联系，本书主要研究高管团队的年龄、任期、教育背景、职业背景四个指标对民营企业绩效的影响，其中教育背景分为学历背景和专业背景两个二级指标。团队规模虽不属于人口特征，但高管团队规模是否会适应企业规模的需要，会影响到企业的战略决策、沟通的通畅性、信息的质量和数量等，进而可能会影响企业绩效，因此本书把高管团队规模也作为一项指标进行研究。

本节将在民营TMT运作机制的基础上分析TMT特征对企业绩效的影响机理，并以此构建出相应的理论模型和相关的理论假设。

3.3.1　民营企业TMT年龄特征对企业绩效的影响分析及假设

1. TMT平均年龄对企业绩效的影响

高管团队成员的年龄与其知识储备、决策经验、适应能力和变革意愿等密切相关。Wiersema和Bantel（1992）认为平均年龄大的高层管理团队进行战略变革的意愿较低，其体力、工作精力和吸收新知识的能力也会不断减弱，他们更倾向于利用积累的经验逐步改进，而不愿意耗费精力进行冒险性的重大变革；其次，年龄越大，受精力和体力所限，学习意愿也就越低，其知识更新速度也就越慢，在面临新的复杂环境时，因知识上的欠缺会导致决策信心不足，从而不愿轻易改变原有策略，丧失很多的机会。相比而言，年轻的决策者精力旺盛，学习意愿和自我实现意愿更强，创新能力、适应能力也更高，企业的战略更易转移。但也有学者认为，年龄大的高层管理者行事谨慎，对经营环境和自身情况有更深刻的认识，更能准确分析所在企业的优势和劣势，因而更能有效地配置企业资产，所作的决策也更符合实际，风险也就更小。张平认为高层管理者年龄对管理效率的影响可以从经验积累和学习、创新、适应变化的能力这几个方面来综合考虑，并且通过实证分析得出年轻管理者和年老的管理者各有其优势。

其实，判断TMT年龄对企业绩效的影响应与TMT所处的企业环境相匹配。民营企业的泛家族特征及先天的不足，导致其经营环境竞争更加激烈，而民营企业风险承受能力却远远低于其他类型企业。这就要求民营企业TMT团队一方面要有较高的决策速度、决策质量和较低的决策成本，另一方面又要保证把风险降到最低。决策速度是指TMT对环境变化的快速反应能力，以及制定重大决策的快速性和果断性；决策质量是指决策反映出来的效果，以及战略决策执行过程中解决问题和根据实际情况调整策略的应变能力；决策成本是指TMT成员对决策的认同成本、沟通成本、冲突成本和时间成本（胡蓓，古家军，2007）。但民营企业的泛家族管理特征，会导致TMT成员整体平均素质尤其是泛家族成员素质普遍不是太高，进而影响企业决策的有效性和科学性。而战略决策的自主性、灵活性和快速性是民营企业有别于其他类型企业的巨大优势。因此，民营企业要想取得良好的绩效，既要发挥原有的优势，增强企业的创新能力，但同时也要在决策时考虑问题要全面、决策要稳妥，对各种风险要有清醒的认识，在面对机会和风险时要认真权衡，避免不顾及任何风险的冒险决策给企业带来不可挽回的损失。

民营企业 TMT 团队的平均年龄代表了团队的社会阅历和对待风险的态度。如果团队平均年龄过小，虽能利用掌握的新知识从全新的角度认识问题，且体力充沛、思维较活跃，工作积极、努力，甘愿冒险，勇于创新，能够对竞争环境作出较快的反应，但同时由于阅历和经验的欠缺，对问题的全面认知水平较低，易冲动，对风险认识不足，导致决策失误的概率增大；如果团队平均年龄过大，优势是能依据自己所积累的经验意识，客观、理智地对事物作出判断，善于组织计划，思维缜密，但存在体力下降、反应速度变慢和改变既成方式的愿望下降等消极因素，导致创新意识不足，无法对竞争激烈的动态环境作出快速的反应。

从团队运作角度来看，由于居于主导地位的泛家族成员大多是企业发展壮大的参与人和见证人，如果年龄过大，容易产生居功自傲心理，轻视年轻的成员，造成沟通的数量和质量都受到影响，易引发关系冲突。同时由于新知识的掌握不足甚至是对新知识的抵触，容易降低团队内信息的共享和信息交换的数量。此外，过大的年龄，容易造成其对事业的追求和成功的渴望都相对下降，物质需要动力降低，会导致团队领导和激励的有效性下降。如果团队的平均年龄过低，虽然更能发挥领导和激励的有效性，但由于对问题的认知缺少足够的经验和阅历支持，易依据个人情感作出判断，往往会导致沟通中的噪音并增加了团队整合的难度。

根据以上分析，可得出民营企业 TMT 平均年龄对企业绩效的影响主要表现在其对企业战略决策的影响和因团队年龄带来的管理者自身的行为对团队运作过程的影响。但这种影响不是简单的线性影响。可能存在一个最佳团队平均年龄，来平衡正面和负面的影响。随着团队平均年龄的增长，对企业绩效的影响也是先升后降。因此，提出以下研究假设。

H1 - 1　民营企业 TMT 平均年龄对企业绩效呈倒“U”形关系。即在曲线左边，随着高管团队平均年龄的增加，企业绩效上升；当达到最佳规模后（在曲线右边），高管团队平均年龄的增加会导致企业绩效的下降。

2. TMT 年龄异质性对企业绩效的影响

年龄异质性是 TMT 特征中对战略决策过程影响较大的一个因素（Tihanyi et al.，2000）。不同年龄的管理者其成长环境、受教育方式、人生阅历、世界观和价值观等可能会存在很大差异，进而在工作中对相同的事物会表现出不同的认知观点和行为倾向。社会同一理论和信息—决策理论是分析团队异质性特征对企业绩效和战略决策影响的常用理论。

社会同一性是个体自我概念的一部分，它来源于个体认识到自己归属于某个或某些社会群体，以及附加于这种成员身份带给他的价值和情感方面的意义（Tajfel，1981）。社会同一性理论的基本观点为个体通过社会分类，对自己的群体产生认同，并产生内群体偏好和外群体偏见。个体通过实现或维持积极的社会认同来提高自尊，积极的自尊来源于在内群体与相关的外群体的有利比较。当社会认同受到威胁时个体会采用各种策略来提高自尊。个体过分热衷于自己的群体，认为自己的群体比其他群体好，并在寻求积极的社会认同和自尊中体会团体间差异，就容易引起群体间偏见和群体间冲突（张莹瑞，佐斌，2006）。根据社会同一性理论，年龄相近的团队成员因为具有相似的成长环境和价值观，更容易相互产生好感和人际吸引，有利于保持团队的稳定性。相似的经历和相近的价值观，也使团队成员对公司战略的看法也可能较相似。从而使团队成员间关系更趋融合，合作会更加顺利，容易在决策时达成一致。当团队的年龄异质性较大时，根据"相似相吸"理论和社会同一性理论，团队成员会选择和自己比较相似的成员结成小群体，群体内成员一方面为了满足自尊而自我激励使个体在群体内比较的相关维度上比其他成员更强，但另一方面，社会分类的"加重效应"使得群体内成员轻视其他群体外成员，这样就会引起了群体偏见和群体冲突，致使个人对组织的认同感下降，减少了团队内的合作与交流，增加了团队的行为和资源整合难度，给团队带来不利的影响。

而信息—决策理论认为，在决策时 TMT 拥有信息数量的多少及信息质量的高低，决定了决策的质量。由于年龄异质性程度的高低代表了阅历、经验、思维方式以及行为方式的丰富程度，也即 TMT 年龄的异质性影响了团队信息的数量和质量。根据信息—决策理论，当面对陌生的环境或复杂的战略决策时，TMT 年龄的异质性程度越高，也就会有越多的知识、信息和资源可以共享，实现优势互补，对所决策的问题的相关认识也就更全面，所作的决策也就质量更高，从而对企业绩效产生正向的影响。

由以上论述可知，从社会同一性理论和信息—决策理论的两个角度来分析 TMT 年龄异质性对企业绩效的影响时，得到结论却是是相悖的。本书认为，在进行相关分析时，应根据研究对象的本质特征，综合分析两种作用的相对大小，以综合效果作为最终的结论。

民营企业相对于国有企业来说最大的优势就是具有高度自主经营权和决策的灵活性，能够快速地对所面临的动态竞争环境作出有效地反应，这种优势也是保持民营企业生存发展的核心优势；民营企业的家族化管理及中国文化背景造成的民营企业的尴尬地位，使其在对人才的吸引力方面略显不足，造成民营企业的TMT整体素质偏低，流动性偏大，导致企业经营与决策相关的知识面过窄，信息的数量和质量过低，从而影响TMT决策的科学性和有效性，进而影响企业的绩效；但另一方面，家族管理给民营企业的最高领导者带来绝对的权威，最高领导者完全可以利用这种权威实现TMT资源和行为的快速有效整合。因此，从企业经营环境角度来考虑，民营企业的战略决策给企业绩效带来的影响要大于冲突带来的影响。

由于民营企业TMT的异质性使团队成员间可以有更多的信息和知识进行共享，能够实现优势互补，从而提高TMT的决策质量，进而对企业绩效产生直接的影响，这种影响对处于激烈竞争中的民营企业是至关重要的。有效的决策，不仅可以提高企业绩效，而且也使企业对风险的考虑更加全面，降低了企业的经营风险。从团队运作角度来考虑，根据社会同一性理论，TMT年龄的异质性会使团队内又产生内外群体，成员间冲突增加，导致团队内成员的交流和合作减少，成员对团队的满意度降低（Crocker，Major，1989）。但根据积极区分原则，这种群内冲突能促使团队成员为了自尊的需要实现自我激励。对于群体冲突中的任务冲突，可以促进信息的共享，提高沟通的数量，进而提升决策质量；而其中的关系冲突，在一定程度上也有利于团队领导进行有效的整合。因此，提出以下研究假设。

H2－1　民营企业TMT的年龄异质性对企业绩效起正向作用。

3.3.2　民营企业TMT任期对企业绩效的影响机理及理论假设

TMT任期（团队任期）是指高管成员担任现有企业高管职务时间的长短，任期的长短代表了高管团队成员之间的熟识度。团队成员的任期通常与团队的运作、团队的资源和行为整合相关联，是实现团队成员信息和认知共享的关键，一直受到学者的广泛关注，是高阶理论中，所有的关于高层管理团队的人口背景特征的研究中受到关注最多的特征变量。但从现有文献来看，该结论并不一致，本书结合民营企业团队运作过程分析，从TMT的平均任期和任期的异质性两个角度来分析民营企业TMT任期对企业绩效的影响机理并提出理论假设。

1. **TMT平均任期对企业绩效的影响**

TMT平均任期（团队平均任期）是指团队成员在一起工作时间的长短，它代表了TMT成员之间对包括知识水平、认知水平、性格、工作方式、领导方式、决策方式等在内的相互了解程度以及对工作内容、企业面临环境等方面的熟悉程度，部分反映了高管团队成员之间的成熟度。本书从团队平均任期对企业绩效的直接和间接作用角度来分析TMT平均任期对企业绩效的影响机理。

团队任期越长意味着团队成员用了越长的时间在工作中进行磨合，相互间的合作、交流机会也就越多。因而团队成员越容易形成类似的感知和决策方式，有利于团队稳定性和战略绩效的提高。团队任期越长还意味着成员对工作的认知程度越高，对企业内外部的经营环境越熟悉，越有利建立稳定的客户资源和与政府等部门的良好关系，进而越能促进市场绩效和获取有利的发展资源，减少经营中的风险。如果团队成员的平均任期过短，团队成员间由于缺少了解及工作认知，会使团队成员间无法建立通畅的交流渠道，致使在进行战略决策时信息交流能力差，对决策内容的认知不全面，无法利用内外部环境进行有效地决策。因此，任期短的TMT对内外部环境中存在的机会和威胁认识不够或不敏感，易导致战略决策失误。国内外学者的研究也表明，TMT的任期与团队识别外部环境中存在的机会的能力正相关。显然，这种对企业内外的经营环境的准确把握能力和良好的社会资源关系对经营资源匮乏的民营企业来说是至关重要的。

从TMT平均任期对团队运作过程的影响角度来看，团队任期越长意味着成员之间相互了解的程度越高、对工作任务和所处环境的认知水平也越高，这种相互了解和认知水平的提高有利于降低关系冲突，提高团队的交流合作水平，促进团队整合和沟通的质量，从而能提高团队成员的互动水平和团队凝聚力，进而提高企业绩效。此外，任期较长的TMT有利于团队形成的类似的感知和决策方式，提高了对企业文化、团队领导方式、领导风格的认同和适应能力，这就减少了沟通中的噪音，提高了对企业管理特征的认同和对领导者战略意图的理解，使TMT领导过程的有效性得到提高。Wicrsoma等通过实证研究也发现，任期长的高管团队更加容易接受改变，团队任期与高管团队有效运作、团队社会凝聚力、高管团队对团队运作程序的理解均为正相关。Eisenhardt等通过实证研究得出，TMT成员间长时间的共同工作使成员学会了如何进行有效的沟通和合作。从以上分析和研究结果来看，TMT 的平均任期的越长，团队的运作效率越高。因此，TMT 较长的任期在一定程度上可以弥补民营企业的泛家族管理特征带来的不利影响，有利于减少关系冲突，提高沟通的数量和质量，实现 TMT 资源和行为的整合，提升团队的运作效率。

根据以上分析，提出以下研究假设。

H1 -2　TMT 的平均任期与企业绩效正相关。

2. TMT 任期异质性对企业绩效的影响

TMT 任期的异质性是指团队成员加入团队工作的时间长短的差异程度，主要影响团队成员间的相互了解程度和互动模式（Pfeffer，1983）。一方面，由于高管人员进入高管团队时间的不同，对企业的了解程度和经历的企业发展事件各异，造成他们对企业文化、管理特征与方式、企业发展战略的解读不同，影响了企业决策的一致性，降低了企业决策的速度，提高了决策成本，进而影响企业的绩效。但另一方面，异质性程度较高的团队有利于企业打破原有管理模式、重塑企业发展战略。不同任期的成员组成的高层管理团队，容易形成以社会经验和组织经验为基础的多样化观点（Smith，Major，1989），这将有利于形成正确的决策。

从团队运作过程角度来看，如果 TMT 任期的异质程度过大，会导致团队成员间对战略规划和目标、企业决策程序、企业文化等方面的认知产生巨大的差异，这种差异一方面直接影响了企业的战略决策；另一方面，必然导致任务冲突，这种任务冲突随着差异程度的提高可能会向关系冲突转化，因而会降低团队凝聚力。动态地看，团队异质性过高，使高管团队始终处于一种不稳定的状态，这不仅会影响团队的沟通的效率，还会影响成员间的"心理距离"（张进华，2010），影响激励机制的有效发挥。此外，TMT 任期异质程度过高，根据社会同一性理论，会使团队内根据任期的长短再出现小群体，这样会增加团队资源和行为整合的难度，降低团队领导的有效性。但从信息 - 决策角度分析，TMT 团队的异质性使团队具有多样化的信息收集途径和对信息的多层次解释，有利于产生多种可供选择的战略方案并对其进行全方位的评估，从而提高决策质量。

对于我国民营企业来说，要想保证企业取得良好的绩效，保持企业健康稳定持续发展，一方面，要求企业具有灵活、快速、有效的战略来适应激烈的竞争环境，保持企业的竞争力；另一方面，也要求 TMT 作出战略调整时，要综合考虑给企业带来的风险。TMT的任期异质性，虽然降低了民营企业的决策效率，增加了决策成本，影响团队运作过程，但也会使民营企业提高决策质量，增加TMT团队进行改革的动机。民营企业的泛家族特征及家长式管理方式，容易导致泛家族成员的长期连任，致使企业无法得到新鲜的知识补充，无法保障企业战略决策的有效性。根据委托—代理理论，由于民营企业实行的高度控制权，我们可以把企业最高领导者（实际上大多也是企业的所有权控制者）与TMT之间的关系视作为委托—代理关系，如果TMT任期的异质性程度过低，成员之间会达成一种默契，会造成委托人和代理人之间的信息不对称，会产生代理风险。在民营企业中，TMT由于整体素质偏低，且缺少国有企业和行政事业单位的政治上的身份，TMT成员更多地考虑个人的经济利益和工作的稳定性。因此TMT的这种默契性，会使成员产生相互依赖，在工作上产生惰性，极大地降低了团队的创新和改革意愿，在决策时会更多地考虑个人利益和个人风险，造成企业对外部环境的变化变得不敏感，无法快速作出相应的战略调整，丧失民营企业的快速灵活的核心竞争优势，给企业发展带来较大的不利影响。

根据以上分析，本书认为民营企业TMT任期的异质性与企业绩效之间不应是简单的线性关系，异质性过大或过低都会给企业绩效带来不利影响。因此，提出以下研究假设。

H2-2 民营企业TMT任期异质性与企业绩效呈倒“U”形关系。

3.3.3 民营企业TMT教育背景对企业绩效的影响

TMT教育背景包括受教育水平和接受的专业背景。团队成员个人的教育水平反映了个人的认知能力和技巧。而专业背景往往与个人的专业技能紧密相关。TMT的整体教育背景会影响团队的认知能力和整体专业技能，进而对企业绩效产生影响。

1. TMT教育背景对企业绩效的影响

Bantel等（1989）认为教育背景在一定程度上反映了个人的认知能力和专业技能，较高的教育水平有利于提高其学习能力和对环境变化的适应能力，能够在动态的、复杂的环境中仍保持清醒的头脑，作出全面的和创新的决策。团队较高的教育背景可以使企业能够获取更多有用的信息，因此，TMT的平均教育水平是影响企业战略选择的一个重要因素。

由前面的分析可知，我国的民营企业的内外部经营环境与国有企业相比处于不利地位，政策支持和各种资源如资金、社会、人力等对民营企业的发展起着不可忽视的作用。团队较高的教育水平，意味着高层管理团队具有较高的认知能力和信息获取能力，这种认知能力提高了企业对环境的预测和把握能力，使企业的战略决策更具有前瞻性，让决策的速度和质量提高，进而提高企业对外部环境的适应能力。团队较高的教育水平，有利于完善企业内部各项规章制度，进一步深化企业内部管理，促进民营企业现代化管理水平的提高，弥补因家族化管理带来的管理不规范。此外，团队较高的教育水平，有利于建立较高的管理者威望，从而提高了管理者的领导效能，D'Aveni（1990）认为，较高的管理者威望能促使社会交换方式向着有益于该管理者及其企业的方向转化。一般来说学历越高职务也越高，晋升也越快。在民营企业中，由于大多企业的最高领导者本身学历并不高，接受教育的机会较少，他们更愿意聘请高学历人员担任公司高管职务来弥补自身知识上的不足。因此，学历越高越容易获得内部管理威望和社会威望，也越容易从事跨界管理和交往，因而更容易获取更多的外部社会关系资源。显然，这些资源对于公司业务的开展具有很大的帮助。

从团队运作角度来看，TMT 接受教育的水平越高，团队的认知理解能力也就越高，其掌握的知识信息也就越多，高管人员也更能发现和理解其他成员的合作需要，通过更好的开放沟通进行信息处理，进行更有效的跨职能配合，有利于提高团队的整合效应，能够避免或减少冲突，促进团队的领导效能。综合以上分析，提出以下研究假设。

H1 -3　民营企业 TMT 接受的平均教育水平与企业绩效呈正向关系。

一般来说，教育专业与个人的专业技能有直接关系，它在一定程度上决定了个人认知的基础和结构（陈传明，孙俊华，2008），是管理者战略决策的基础。团队的技术、营销、生产、技术、财务一直被视为影响战略决策的重要因素，而接受了经济管理教育的管理者往往更善于从专业角度整合影响决策的要素，作出科学合理的决策。受民营企业 TMT 团队整体素质较低的影响，决策的盲目性是导致民营企业失败的重要原因，泛家族性特征和家长式管理作风，不但影响了民营企业对高层次人才的引进，而且使团队对不同专业角度的认知无法有效地整合在一起，导致了决策的盲目性，而 TMT 的经济管理学方面的教育恰能弥补此不足。此外具有经济管理方面教育的团队成员更善于采用合适的沟通方式实现有效的沟通，善于协调各方面的关系，减少关系冲突的发生。经济管理专业背景教育也有利于提高企业科学、规范专业管理水平。因此，提出以下研究假设。

H1 -4　民营企业 TMT 的经济管理学方面的专业背景相较于其他专业教育背景更有利于提高企业绩效。

2. TMT 教育背景的异质性对企业绩效的影响

TMT 教育背景的异质性分为教育水平异质性和专业背景异质性两类。我国的传统文化决定了在现阶段，高学历仍是身份地位的象征。民营企业的文化层次水平相对来说偏低，因此也就对高学历人员更加重视。如果团队教育水平异质性程度过高，会导致团队在认知水平和理解能力上产生较大的差异，这种差异一方面会产生较严重的任务冲突和关系冲突，而且会使高学历人员认为低学历人员水平低下，从而轻视低学历人员，而低学历人员也会认为高学历人员自视清高，不愿与之接近，导致任务冲突向关系冲突转化，进而对于团队战略制定程序、战略目标、战略计划的分歧也就越大，导致企业绩效的降低。根据社会同一理论和信息决策理论，教育水平过大的差异，会在 TMT 内又划分为小群体，这种以学历建立起来的群体差异，一方面阻碍了信息的共享和沟通的有效性，加剧了团队冲突，降低了团队领导的有效性，不利于团队的整合效应的发挥，另一方面也会使高学历人员感觉不被重视，易产生离职心理。民营企业高管团队中高学历人员的频繁跳槽，也验证了这一点。

教育专业背景的异质性是指 TMT 成员所接受的专业教育上的差异，不同的专业教育背景会带来不同的专业技能，并产生不同的偏好和认知观念，这些差异在一定程度上会影响企业的战略选择，进而影响企业绩效。由于关系、人力等资源的匮乏，制约了民营企业的快速发展，而 TMT 教育专业的差异丰富了企业的资源。由于不同专业背景的 TMT 成员学习内容、学习方式、思维方式、性格特征差异较大，因此，在进行战略决策时，企业能获得一系列多元的信息、专业的技能分析和全面新颖的观念，使其拥有更加专业、科学的决策方案可供选择。根据资源基础理论，这种在市场供应不足的、独特的、具有战略路径依赖特征的战略资源可以产生经济准租，能够提高战略决策与环境的匹配度，从而带来更高度利润或更优秀的绩效（Peteraf, 1993）。从团队运作角度来分析，专业背景的异质性有利于促进 TMT 成员的沟通和交流，促进团队自学习能力，弥补成员专业技能上的不足，同时，专业背景上的差异有利于加强团队合作，减少关系冲突，提高团队运作效率。根据以上分析，提出以下研究假设。

H2－3　民营企业 TMT 教育水平的异质性与企业绩效呈负向关系。

H2－4　民营企业 TMT 专业背景的异质性与企业绩效正相关。

3.3.4　民营企业 TMT 职业背景对企业绩效的影响

TMT 成员在不同行业、不同企业以及不同职能部门工作积累的经验影响了他们的知识构成、观念形成和工作取向。Hambrick 等认为管理者在职业生涯中积累的经验构成了其情感、偏好和认知的一部分，决定了管理者或者整个管理团队的效率以及影响了其所选择的战略类型。TMT 的不同职业背景一方面丰富了团队的认知基础，但另一方面也给团队运作带来了影响。本书将从 TMT 职业背景的同质性和异质性两个角度来剖析其对企业绩效的影响。

1. 民营企业 TMT 职业背景同质性对企业绩效的影响

职业背景作为一个重要的人口特征变量对个体的认知有着重要潜在影响。TMT 的职能背景主要指团队成员曾经工作过的部门类别，它是职业背景中最重要的变量。企业作为一个组织系统，是各职能部门如销售部、财务部、采购部、生产部等的功能作用的有机结合体。当具有不同职能背景的团队成员在面对同一问题进行决策时，他们往往以自己职业经历为出发点来分析问题并制订计划和实施行动，工作经历相似的高管成员的战略选择往往也相似（韦小柯，2006）。由于在不同性质、不同规模甚至不同的地域中企业设置部门的数量和名称大多都不相同，Hambrick & Mason（1984）根据部门功能作用和目的将企业内所有部门划分为三大类，分别为产出型、生产型和支持型。其中，产出部门主要包括营销部、售后服务部和研发部等，主要职能是根据外部环境竞争情况和顾客需求情况，调整产品结构和服务策略，其更多地注重市场机会发现和业务增长；生产型部门包括生产部、财务部、行政部等，主要职能是组织生产、处理工艺、进行制度建设和账务系统建设，更多地是组织内部生产转化效率和信息吸收转化效率；支持型部门包括采购部、融资部、法律部等，主要负责组织外部依赖性和服务事项等，是企业核心业务服务部门（张进华，2010）。产出型的高管人员更注重研发投入所带来的产出结果，因而更愿意承担风险（Datta et al.，2003）；而生产型和支持型的 TMT 成员更倾向于用管理方法评价技术问题，规避风险（Hayes et al.，1980）。

在民营企业中，战略决策更多地是一种经验决策。这是因为其所处的内外部环境相对于国有企业来说具有更大的不确定性，竞争也就更加激烈，对环境的快速变化反应是民营企业的最大经营优势，但由于受民营企业的整体素质偏低及民营企业发展历程的影响，我国民营企业的战略决策的往往依靠的是经验、胆量和运气，这就造成了其经营过程具有很大的偶然性，从而会影响企业绩效甚至会导致民营企业的经营失败。从信息－决策角度来考虑，如果TMT团队成员的职能背景越丰富，团队的可共享的信息也就更多，就越能够使团队成员在决策时会从不同的职能角度进行考虑，使制定的决策更加科学、合理、全面，从而弥补民营企业战略决策上的不足。此外，从社会资源角度考虑，具备不同行业，不同工作经历的高层管理者会拥有更为广泛的外部关系网络，这种关系网络可以减少公司的交易成本，对获取关键信息和资源也起着积极作用（Bazerman et al.，1983）。从团队运作角度来考虑，成员职能背景越丰富，团队成员可共享的信息也越多，越有利于团队沟通与交流。职能背景越丰富越有利于提高团队成员的认知能力，在进行决策时，能够正确理解其他成员的意见和建议，有利于减少团队冲突，提高决策的质量。丰富的职能背景有利于促进团队成员之间的相互学习，提高对任务和决策的理解力，能够更好地接受和执行各项战略计划，从而有利于团队的有效领导。根据以上分析，本书以人均职能部门数目作为职业背景同质性的替代变量，因此，提出以下研究假设。

H1－5　民营企业TMT人均职能部门数目与企业绩效呈正向关系。

2. 民营企业TMT职业背景异质性对企业绩效的影响

职业背景异质性与TMT成员的知识构成、观念形成和工作取向紧密相关，是高管成员认知基础的重要组成部分，对管理者的决策偏好、思维习惯和行为特征有重要影响，因而TMT的职业背景异质性影响到高管团队对外部环境的理解及战略选择，同时，这种异质性也影响了TMT的运作过程。

本书将高管人员的职业职能背景分为产出型部门、生产型部门和支持型部门及其他非企业职能背景四类。其中产出型部门主要包括销售部、市场部、售后服务部和产品研发部等；生产型部门主要包括生产部、行政部、会计部等，支持型部门则主要包括采购部、法律部、融资部；其他类包括政府及事业单位人员、医生、演员等非企业性质的单位部门。

如果TMT成员来自于不同的职业，意味着他们具备不同的专业技能和工作经验，对问题的思考角度和认识模式都不尽相同，在决策时就会使团队成员面对环境产生不同的观点，从而使 TMT 能够全面感知所处环境，并从多个角度进行分析，有利于减少团队决策失误。此外，观点和方法的多样性可以使团队成员间的相互学习成为可能，增加了企业的有效资源，提高了资源的有效利用。Amason 等（1997）认为，TMT 成员职能背景的异质性有利于提高决策质量，因为团队成员可以从多角度来分析一个复杂的问题。相反，如果 TMT 成员的职业经验同一性较高时，使问题分析过于模式化和程序化，不利于新观点的产生，导致对新生事物的感知相对单一，当企业面临新的或复杂的环境时，无法保证决策的质量。

从资源和战略绩效角度来分析，我国民营企业的 TMT 职业背景的异质性对企业绩效的影响起正向作用。但由第 2 章分析可知，TMT 运作过程影响了企业的决策过程，因此，TMT 职业背景的异质性作用的发挥还要看其对团队运作有何影响。在民营企业中，高管团队泛家族特征构成和家长式管理特征是影响团队运作过程的两个主要因素。泛家族特征构成一方面造成了民营企业 TMT 成员整体素质不高，企业需要更多的信息和资源来弥补知识上的不足；但另一方面，成员的整体素质过低和家长式管理方式又限制了对新知识的理解和获取。这是因为，如果 TMT 成员中需共享的信息过多，超过了团队成员的认知水平和接受水平，团队成员就会在心理上排斥这种信息，导致任务冲突向关系冲突转化，反而影响决策的质量，其次决策时，过多的方案或不同意见，会降低决策的速度和效率，尤其是当团队整体认知水平不是太高时，这种影响会更加明显。张平（2006）认为职能部门工作经历相似的管理者观念相近。若民营企业 TMT 职业背景的异质性过高会使他们对同一事物的认知差异会较高，致使团队内部沟通与交流产生消极的影响。当高管团队成员之间分歧较大，交流不畅时，会导致互信度降低，难以形成共同的价值观与集体目标，降低了团队领导的有效性和决策效率。Sutcliffe（1994）通过研究也发现团队如果职业背景的异质性过高会导致内部成员之间的情感冲突增加，阻碍团队内部的有效交流。在民营企业 TMT 中，泛家族成员大多是家族成员或企业的创业者，一方面，由于他们的接受新知识的机会较少；另一方面，他们往往也居功自傲，TMT 成员职业背景的异质性如果过高，会导致冲突加剧，造成团队成员的不稳定性增加。因此，本书认为，在民营企业中，TMT 职业背景的异质性对企业绩效的影响并不是简单的一次线性关系，异质性过高或过低都不利于企业绩效的提高，他们之间存在一个最优点或者区域使得团队职业背景异质性效用最大化。根据以上分析，提出以下研究假设。

H2-5　民营企业TMT职能背景的异质性与企业绩效呈倒“U”形关系。

3.3.5　民营企业TMT规模对企业绩效的影响

TMT规模指高层管理团队成员的多少，是决定团队所占有资源数量多少的要素之一。关于TMT规模与企业绩效的关系，学者从不同的角度进行研究得到了不同的结果。

从企业资源角度来看，企业TMT规模可以作为企业通过与外部相联系来获取关键资源的能力的计量指标（贺远琼，陈昀，2009）。TMT规模越大越有利于增加信息处理能力和可用观点数量，从而为决策提供更多的依据，增加了备选战略方案的数量；规模的扩大，也有利于开拓团队面对问题的视野广度。但从团队运作角度来考虑，规模的扩大会导致成员之间的意见和分歧的增加，加剧了情感、观点和目标的冲突，进而影响企业绩效；规模过大，根据社团同一性理论，会在团队内形成多个小群体，增加了协调的难度，不利于团队的有效领导；团体规模越大，团队内成员的非正式交流机会就会越少，导致团队的社会整合程度低（Smith et al.，1994），不利于企业绩效的提高。Basu（2000）从权力分布的角度分析后认为，大的高管团队规模能够增加团队信息数量和对信息的处理能力，有利于在权力分散的企业中实现信息共享和观点交换，但在集权较严重的企业中，难以发挥其优势；过小的团队规模，虽意见容易统一，但在实行分权的企业中，由于没有足够多的信息量和决策方案可供选择，无法发挥分权的优势，而在集权的企业中，小规模的TMT有利于提高决策的速度，保持团队的凝聚力，发挥集权的优势。

对于我国民营企业来说，上述理论视角得到的观点同时存在于现实的TMT中。由第2章的分析可知，一方面，我国民营企业面对的内外环境的竞争性要比国有企业更加激烈，由于受政策及历史和文化传统的影响，民营企业的经营资源不够丰富且在获取上也存在难度；另一方面，民营企业的泛家族组成特征、家长式管理特征及高度的管理自主权，使他们更能发挥对企业战略决策制定和执行的决定性作用（孙海法等，2008），但限制了团队共享信息的数量，不利于形成全面科学的决策方案。因此，TMT规模的扩大一方面会增加团队的共享信息数量，提高决策质量，进而提高企业绩效；另一方面也导致了民营企业团队冲突的增加，不利于民营企业的集权和自主灵活性的发挥。民营企业这两种影响的大小比较决定了TMT规模对企业绩效的作用的大小，若资源的影响大于冲突造成的消极影响，则规模的扩大有利于企业绩效的提高，反之，会降低企业绩效。因此，对于民营企业来说，可能存在一个最优的团队规模来平衡正向和负向的影响。只有当冲突到了一定程度后，才会对企业绩效产生负向影响。因此，本书提出以下研究假设。

H1 -6 民营企业 TMT 规模与企业绩效存在倒“U”形关系。

3.4 调节变量影响的分析及假设

3.4.1 CEO 特征的调节作用

CEO 作为整个企业权力体系的核心枢纽位置，是其他职位无法取代的。从资源的角度来看，CEO 的管理能力是制约企业成长的关键要素，这种管理能力作为企业重要的战略资源在很大程度上决定了一个企业的成长和绩效。此外，CEO 不同的个性特征对 TMT 团队运作过程的影响和战略决策方式存在差异，即使在相同的条件下，CEO 不同的个人特征会导致不同的团队绩效和决策过程，从而对企业产生不同的影响。因此，CEO 虽然是 TMT 的成员之一，但对团队的运作过程和决策过程的影响远远大于团队其他成员，如果把 CEO 当作一名普通 TMT 成员对待进行研究，会导致结论的可信度降低，本节将在对 CEO 权能进行权能分析的基础上，揭示 CEO 个人特征对 TMT 特征与企业绩效关系的影响机制。

1. 我国民营企业 CEO 权能分析

家族式管理模式是我国民营企业的一大管理特点，民营企业的 CEO 往往集所有权、决策权、经营管理权于一身（孙海法等，2008）。民营企业 CEO 居于企业权力的核心位置，企业在一定程度上是其 CEO 的反映体（许晓明，李金早，2007）。CEO 对企业的战略决策和高管团队的有效运行起着非常关键的作用。

（1）CEO 与战略决策。在民营企业中，由于公司治理体制往往很不健全，董事会只是在名义上拥有企业的最高决策权，但真正的决策权却掌握在 CEO 手中。CEO 可以按个人的意愿来组建董事会及任命公司高管人员，再加上信息不对称，导致董事的监督权大大减弱，致使 CEO 成为企业重大决策权的实际拥有者和行使者（Rosestein，1987）。CEO 战略决策能力的高低，在一定程度上决定了企业的生存和发展。CEO 战略决策权主要体现在两个方面：一是 CEO 具有企业战略决策的最终决定权和选择权，二是民营企业人事权往往是由企业的最高领导者来决定，因此 CEO 解决问题和对待风险的方式及态度在一定程度上影响了 TMT 其他成员的战略意识。因此，民营企业的 CEO 作为战略决策的中心人物，有能力也更有条件通过调控和影响董事会成员及其他高管成员，来实现对企业战略决策权的全面和彻底的控制（Zahra et al.，1989）。已有的研究也表明，民营企业 CEO 的战略决策能力和倾向及对环境的匹配程度是企业生存和发展的前提条件。

（2）CEO 对企业运营管理的影响。对企业的运营管理是 CEO 的另一重要职能。企业的运营管理在一定程度上是对企业的价值链的管理，有效的运营管理能够使企业获得显著的竞争优势，进而提高企业绩效，是企业发展的命脉。CEO 运营管理能力的强弱，决定了企业战略决策能否准确制定、战略决策能否得到有效地执行以及企业运营效果的好坏。民营企业 CEO 对企业运营管理的影响主要通过以下几个方面来实现。首先，民营企业 CEO 具有高度的人事选择和任命权。这种人事权既决定了企业能否找到合适的人选做出正确的事，也有利于 CEO 利用这种人事权对下属施加影响，使下属执行既定的战略决策，完成各项任务。也就是说，CEO 对人事权的合理运用能力有利于提高企业战略执行力，使战略决策落到实处。其次，CEO 的良好的愿景目标和激励措施制度等的制定能力、组织设计能力，有利于提高 TMT 运作效率，改善企业经营绩效。愿景目标往往是企业的奋斗目标，一个切合实际的愿景有利于激发全体员工的积极性，使企业沿着正确的目标向前发展；而良好的激励措施有利于企业员工尤其是高管团队成员发挥潜能，努力提高个人绩效；CEO 对企业组织架构的有效设计，有利于提高管理活动的柔韧性和灵活性，增强企业的管理效率，进而提高企业的经营管理水平和企业绩效。最后，民营企业 CEO 在企业具有绝对的权威，其对 TMT 团队的领导和整合能力直接影响了企业的经营管理效果。TMT 作为企业决策的参与者和直接的监督执行者，决定了企业战略决策的质量和执行效果，而 CEO 是企业的最高领导者，能否通过有效的领导，使 TMT 成员充分发挥积极性和主动性对战略决策的质量和成功执行起着至关重要的作用。对 TMT 的行为整合和企业业务的整合是 CEO 的主要工作之一，CEO 通过协调整合能够保障企业作为一个系统进行有机运行。CEO 良好的整合能力有利于纠正偏差，使企业朝着正确的目标努力。如果CEO的整合能力较差，会造成各部门各自为政，严重影响企业运行效率，导致企业绩效的下降。

（3）CEO在TMT中的作用分析。民营企业的CEO在企业中权能的压倒性优势已得到企业界和学术界的普遍认可，但CEO作用的发挥离不开TMT成员的努力，TMT是CEO作用发挥的载体。一方面，TMT成员的认知水平影响了CEO作用的发挥，另一方面，离开了CEO强有力的领导，TMT的团队优势也很难发挥出来。

民营企业CEO作为TMT的特殊成员，对TMT团队的组成和运作过程起着重要的作用。主要表现在以下几个方面。

①对TMT组成的影响。民营企业的所有权形式决定了民营企业一般采取高度集权的家长式管理模式，其CEO不仅具有绝对的战略决策权，而且往往也具有最高的人事权，他可以通过控制董事会来控制高管团队成员的组成，以实现更高的企业控制权。因此，对高管团队的人事控制权是民营企业CEO实现高度集权的最主要的途径。由于CEO不同的个性，其组建的TMT团队也就有所不同。刘海山，孙海法（2008）通过实证得出：一方面，CEO不同的个性和领导风格，会影响高层人员的选拔、配置，从而直接作用到高管团队的组成和结构上；另一方面，CEO不同的个性和领导风格，对TMT的凝聚力以及成员的归属感、离职意向也会产生巨大影响，进而影响高管团队的稳定性。

②对TMT运作过程的影响。CEO对TMT运作过程的影响主要是通过个人品格魅力和对TMT团队的领导整合能力来实现的。根据“学习效应”理论，CEO的人格魅力能够潜移默化地影响高管团队成员，有利于提高TMT的稳定性，增强团队的凝聚力，进而提高团队的运作效率。此外，CEO作为企业的最高行政长官，对TMT有效运作负有不可推卸的责任。CEO的领导方式和对团队的整合能力都会给TMT团队运作产生影响。如陈璐等（2010）通过实证分析得出CEO的德行领导通过认知冲突对决策产生正向影响，威权领导通过影响TMT情绪冲突对决策产生负向影响。刘海山和孙海法（2010）认为随和性强，善于采用情感管理的CEO领导下的团队内部整合度高、成员间的相互信任度高、沟通充分，有助于提高成员对企业整体目标、工作任务的认同，进行有效的冲突协调和积极沟通。开放性的CEO善于倾听和接纳不同意见，在决策过程中能够实现信息在团队成员间的快速传递和充分共享，促进高管团队对决策方案作出理性评估与有效选择。相反，独裁、专权、决策不果断的CEO领导的高管团队往往整

合度较低，互认度不高，共享的信息的数量和质量较差，成员间矛盾冲突较多，各自为政，无法形成对目标和任务的认同感，导致高管团队无法发挥应有的作用。

尽管民营企业CEO在企业权能上具有压倒性的优势，对TMT运作和企业绩效起着不可或缺的影响，但CEO作用的发挥离不开高管团队作用的发挥，CEO影响了TMT的组成和结构，但TMT对企业绩效作用的发挥是CEO权能发挥的前提条件，领导者如何领导驾驭TMT，充分发挥团队的作用，是民营企业生存发展的关键。

2. 民营企业CEO个人特征的调节作用分析

民营企业CEO在权能上特殊的地位及其对高管团队特征的影响决定了其在TMT对企业绩效影响方面起着不可忽视的调节作用。CEO不同的特征可能会造成TMT特征对企业绩效不同的影响。

（1）CEO领导方式对TMT特征与绩效关系的调节作用分析。

高度集权的家长式领导方式是我国民营企业管理的一大特点，CEO个性特征会影响高管团队的运作过程，进而影响企业绩效。本书借用刘海山的分类方式，把CEO的个性特征划分为两类。一类是民主开放式领导，主要特征为注重民主和亲情化管理，善于倾听不同员工，允许反对意见的存在，鼓励下属参与战略决策，开放性强，善于吸收信息和知识，倡导学习型企业文化；另一类为专权独裁型，主要特征为奉行个人英雄主义，对下属严密控制，要求下属在其限定好的框架和制度下工作，决策果断迅速，但往往是个人决策，对下属的意见不善于采纳，高度关注制度权，等级森严，做事独裁、武断。

随着环境的快速变化，民营企业面对的环境更加复杂，竞争更加激烈，TMT在复杂的环境不确定性中制定战略决策时，决策制定过程中信息的数量和质量成为影响决策质量的关键要素（Leifter et al.，1996），而对决策的理解、情感接受性和承诺的一致性则取决于决策过程中成员之间的信任和合作（Wooldridge et al.，1990）。在CEO的民主开放式领导下，能够营造出一种的和谐、融洽、民主、平等的气氛，TMT成员能够自由表达个人的见解，有利于增强TMT团队的凝聚力，缓解团队成员的工作压力，增加成员之间的互信程度，提高团队合作的能力，保持团队的稳定性，更好地发挥TMT团队的作用。根据学习效应理论，团队成员参与决策的过程，也促进了团队成员之间的相互学习，从而提高团队整体认知水平和决策质量，进而提高企业绩效。此外，当CEO具有民主开放式领导风格时，更能虚心接受和辨别团队异质性特征带来丰富信息量，获取并甄选更多对公司有利的信息。因此，提出以下研究假设。

H3－1　TMT特征对企业绩效的影响，受到CEO的民主开放式领导行为的正向调节。

而在CEO的专权独裁型领导下，CEO控制着企业的战略决策的最终选择权，他往往以个人的认知水平对环境作出判断，结合个人的知识和经验对已有的方案作出选择，而不是和TMT成员协商得出。专权独裁型领导往往使TMT成员不敢坚持自己的立场，专制作风使TMT充满竞争，成员之间勾心斗角，限制了团队成员作用发挥的空间，成员往往根据CEO的好恶来发表自己的见解。因此，CEO的专权独裁型领导，会导致团队人心涣散，成员心理压力大，团队成员往往是被动机械地接受或者按照CEO的想法去工作，使TMT团队无法发挥应有的作用。因此，专权独裁型领导需要CEO具备较强的整合能力、战略决策能力和非常高的认知水平，对企业内外部环境要有非常好的熟悉程度，否则作出的决策不可能是科学合理的。但在企业经营环境日益复杂，竞争日渐激烈的条件下，CEO不可能也没有时间去学习使其具备如此高的全面知识。此外，CEO的独裁式领导会抑制团队成员间决策信息的沟通和处理，致使决策由于信息沟通不畅而影响决策质量，专权独裁型领导的个人观点往往更能左右群体成员的选择，因而群体讨论结果被迫倾向于和CEO的意见观点相一致，但这种情况下，虽然一致性较高，但沟通和决策的有效性却很差。由于信息无法充分共享，一方面影响到了决策质量，另一方面也降低了团队学习效率。团队成员内部的勾心斗角加剧了成员间的关系冲突，降低了团队的稳定性，进而影响企业绩效。因此，专权独裁式领导对TMT的运作过程产生了非常不利的影响，同时也限制了个体的自由发挥，使团队成员单打独斗，丧失了团体优势。根据以上分析，提出以下研究假设。

H3－2　专权独裁式领导负向调节TMT特征对企业绩效的影响。

（2）CEO人口特征的调节作用。

根据Hambrick和Mason的高阶理论，决策者的认知水平及倾向、价值观、知识储备等特征直接影响了企业的战略选择，进而影响企业绩效。而人口特征代表了个体的认知倾向、价值观等难以观测的变量。由于我国民营企业的CEO在权能上具有压倒性的优势，导致企业的权力距离过大。因此，在分析民营企业TMT特征对企业绩效的影响时，CEO的人口特征对此影响的调节作用不可忽视。本书从CEO的年龄、教育程度、任期、政治背景等特征来分析其对TMT特征与企业绩效关系的调节作用。

①年龄。CEO作为TMT成员之一，年龄对其认知水平影响与其他高管成员相比并没有什么差异。但年龄差异往往会导致在一些问题的看法上存在不同。因此，CEO年龄和TMT平均年龄之间的差距对TMT团队的运作过程会产生影响，进而影响企业绩效。

CEO年龄和TMT平均年龄间的差异在一定程度上代表了CEO与高管团队间认知和对风险态度的差异。如果这种年龄差异过大会导致CEO和高管团队之间产生认知上的冲突，这种冲突一方面增加了TMT整合难度，即使CEO利用职位权强行决策，但在执行过程中，易受到TMT成员的暗中反对，导致CEO的战略决策难以得到有效的执行。此外，年龄上的差异会阻碍CEO与TMT其他成员间的沟通交流，是信息传递的数量和质量下降。因此，提出以下研究假设。

H3－3 CEO与TMT平均年龄差异程度对企业绩效产生负向影响。

②教育程度。Wiersema和Bantel（1992）研究发现，个人正式的教育包含了丰富而又复杂的信息，一个人受教育程度的高低可以在个人所拥有的知识与技能上反映出来，管理者受教育程度越高，他具有的洞察力也就越强，也更有能力处理复杂事情。此外，接受过正式的、高层次教育的管理者与只接受过低层次教育的管理者相比在认知模式和信息整合方式上存在不同。高阶理论也指出，受教育程度往往与思想的开放程度、信息的处理能力、对不确定性环境的承受与识别以及估计复杂情形的能力相关联（Hambrick，Mason，1984）。

我国民营企业由于发展历程相对较短，国家各项法律法规不太健全，再加上受中国传统文化的影响，使得民营企业所处的环境更加复杂，需要高层管理者具备更强的知识和技能。泛家族式管理严重阻碍了民营企业的高管队伍建设，使得民营企业的高管团队整体素质偏低，这就要求企业CEO需具备更强的决策能力和对环境的识别及适应能力。CEO如果接受过较高的教育，一方面CEO拥有较高的认知能力和知识水平，从而促进信息交流的数量和质量，提高TMT成员间的沟通水平，增强决策能力和领导能力，改善TMT的运作过程，另 方面，CEO的受教育程度越高，越有利于吸引高层次的人才，促进TMT整体水平的提高，进而提高企业绩效。因此，提出以下研究假设。

H3－4 CEO的受教育程度对TMT特征与企业绩效的关系起正向调节

作用。

③任期。Hambrick（1991）等认为，CEO 任期有助于企业家形成具有明显阶段性特征的注意集中点、行为模式等，由此引发公司绩效的阶段性分布，他们把 CEO 任期分为任命期、探索期、模式选择期、模式集聚期和功能障碍期。在 CEO 任期内一般存在五个关键的趋势。第一，对其固有的管理模式的坚持程度，在任期开始相对较高，随着任期增加先是下降，而后稳步上升。第二，在工作知识方面，在任期开始阶段显著提高，而后增加缓慢。第三，对于获取信息的多样性，随任期的增加，逐渐减少，最后消失，呈现简单、固定的信息获取渠道。第四，在工作兴趣方面，在任期开始处最高，随着任期增加而逐渐减少。第五，CEO 的权力随着任期的增加而逐步提高。

基于 CEO 在我国民营企业权力中的绝对核心地位，CEO 任期在很大程度上反映了其对企业的控制权和影响力。我国民营企业的 CEO 一般是企业的创始人或企业拥有者的继承人，在任命期和探索期内，CEO 往往坚持自己固有的管理模式和管理思路，利用自己在企业中的职位权，强行推行变革，使其与 TMT 其他成员的冲突加剧，领导和整合效率下降，导致企业绩效降低，而在风险决策方面，他们不愿意选择高资源投入、高风险的战略。在模式选择期和模式集聚期，CEO 对工作的认知程度和信息获取渠道方面都趋于稳定，决策中不再盲目自信，决策的科学性和合理性得到很大程度的提高，同时，任职时间的延长也给企业家带来更多的机会和权力来提拔、任命与自己观点相近的人员，同时把持不同观点者排斥在外，从而提高了企业组织内部的同质性，增强了 CEO 对企业的控制力和影响力，CEO 对 TMT 的运作过程控制也会更加合理。此外，当得到高层管理团队的认可时，企业家在战略选择方面就更愿意冒险，更倾向高投入高风险的战略。因此，在这一阶段，CEO 对企业绩效的提高有更大的调节促进作用。而在任职阶段后期也就是功能障碍期，CEO 开始变得自满和高度自信，出现盲目坚持采用过去的成功的管理模式的倾向，信息渠道变得狭窄，同时对职务的兴趣开始下降，导致企业对动态环境适应能力下降，TMT 内部沟通效率及团队整合效率降低，使企业绩效停滞不前甚至下滑。因此，提出以下研究假设。

H3－5　CEO 任期过长或过短会降低 TMT 特征与企业绩效的关系影响强度。

④政治背景。张建君等（2005）认为企业的政治行为和政治战略对企

业的竞争优势和生存发展有着非常重要的影响。在我国政府广泛控制了稀缺性资源（如土地等）并且拥有自由裁量权，而政治关系的建立使得企业可以更容易获得这些资源和其他方面的好处（如贷款，税收优惠等）并赢得商业机会。一般来说，国有企业与政府之间存在先天的血缘关系，由于过去长期的政治和意识形态上的歧视等原因，民营企业的政治关系只能靠后天获得，我国民营企业的生存和发展在很大程度上受到了政治因素及其与当地政府关系的影响，对民营企业 CEO 来说，采取一定的政治战略处理与政府的关系，可以规避一些风险，同时还有可能获得有用的信息、攫取稀缺的资源、争取风险小获利大的生产项目，从而在愈来愈激烈的竞争中避短扬长，立于不败之地（罗党论，黄琼宇，2008）。也有学者认为，“政治关系”是一种重要的声誉机制，表明了社会对企业的认同。因为民营企业 CEO 人大代表和政协委员等政治身份的获得，一方面表明企业具有相当的经济实力和规模；另一方面说明其掌舵的企业为经济发展做出了贡献，得到了社会和政府的认可。在这种情况下，民营企业家的政治身份传递了企业的良好质量，有助于企业获得额外的发展机会，促进民营企业的发展（胡旭阳，2006）。另外，张军（1995）认为，关系这一非正式的经济手段在转型经济中起着极其重要的作用。CEO 的政治关系对企业一方面具有便利资源配置和获取资源的功能（刘少杰，2004），另一方面，还能降低信息不对称的程度，经济主体也可以利用关系从掌权者那里获得影响（Bian et al.，1997）。转型经济的特点，使得我国民营企业的发展面临着法律保护缺乏、政府侵害产权和金融发展落后的制度约束，这些严重阻碍了民营企业的发展。而 CEO 通过政治背景建立起来的政治关系对于民营企业来说，可以作为一种替代性的保护机制，降低企业的经营风险（余明桂，潘红波，2008）。所以，民营企业 CEO 的政治背景，一方面增加了企业获得关键性资源和商业机会，另一方面又可以减少政府对企业的不利干预，在制度不稳定的情况下得到一定程度的保护（罗党论，唐清泉，2008）。为企业发展和提高绩效提供了重要条件。因此，提出以下研究假设。

H3－6　民营企业 CEO 的政治背景对 TMT 特征与企业绩效的关系有正向调节作用。

3.4.2　环境不确定性的调节作用

一般来说，企业所处的内外部环境影响了企业的生存和发展。不同的经营环境在一定程度上决定了高管团队能否发挥出应有的作用，即使相同的高管团队由于所处的行业、企业资源等内外部环境的不同，在企业绩效的表现上会有很大差异。

环境的不确定性指企业高层管理团队感知到无法预测未来事件发生的可能性和事件影响结果的一种状态。一般来说，环境的不确定程度会影响企业高管团队的战略选择。企业的战略，如果想能够持续实施，必须有一定程度的可预测性（Katz et al.，1978）。但由于所处的行业、地域、文化传统、政治法律等方面的不同，导致企业所处的环境的不确定性程度存在不同，这种不确定性程度影响了战略的可预测性。在转型经济的背景下，外部环境的不确定性权变作用更能有效解释 TMT 行为的差异性（贺远琼等，2008）。

随着我国制度、法律、政治经济的不断发展完善，民营企业的一夜暴富的机会越来越少，行业竞争愈来愈剧烈，在经济转型阶段中，环境的动态性愈加复杂。由于我国民营企业大多都不处于市场垄断地位，相对于国有企业来说，无论是在企业规模、资金及政府扶持力度上都处于不利地位，因此，环境不确定性对民营企业 TMT 的战略决策影响也就越大。环境的不确定性程度的不同，对民营企业 TMT 的要求也就不同。如在环境不确定性程度较高的环境中，要求 TMT 具有较高的决策质量和决策速度，TMT 应具有较高的风险意识，团队的决策信息要全面、准确，团队的整体知识面要足够宽广，因此，在复杂的环境先，短任期团队和异质性团队应最有效率，较高的受教育程度和较年轻的 TMT 队伍应更能适应环境的快速变化，进而对企业绩效应有更大的促进作用。而在稳定的环境中，决策时可预测性较高，经验和团队的运作效率对企业绩效的提高更有利，长任期和同质性的团队应该效率更高，经验丰富、年长的管理者应更能促进企业绩效的提高。因此，提出以下研究假设。

H3 - 7　TMT 特征对企业绩效的影响，受到企业所处的环境不确定性的调节作用。

3.4.3　企业规模

对于企业规模，一些研究揭示，规模代表获取资源和实现投资机会的能力，也反映了企业对外部环境的变化和适应能力。规模较大的企业意味着有更多的资源可以利用，这种资源包括人力资源、财务资源和社会资源。因此，规模大的企业对抗风险的能力相对更高，也更有机会获得较好的投资机会，但规模过大也会面临更加复杂的内外部环境，对TMT的整合运作能力也会提出更高的要求。而规模较小的企业在资源和投资机会获取上处于不利地位，但其对环境的快速反应能力较强。

Hannan等（1984）认为企业规模会对组织的惰性以及相应的市场生存能力产生影响。对外部环境的变化作出及时的反应，并快速地采取措施行动来实现组织的相应变革，使其与外部环境变化要求相匹配，是企业得以生存和发展的基本条件。一般来说，规模较大的企业组织结构臃肿，CEO及其高管团队对企业的掌控力度降低，指挥链条冗长，导致层级间权力委托的效率较低，组织的惰性变高，因此，对于规模较大的企业，即使TMT对环境可以作出快速的战略反应，但在战略决策的贯彻执行上，会表现出整体反应速度缓慢，战略决策贯彻不彻底。也就是说企业规模越大，组织的惰性也就越高，对环境的反应速度也就越慢，企业的适应生存能力也就越低。而在其他条件都相对稳定的前提下，规模较小的企业可以对外部环境中的威胁和机会作出更快的反应。这是因为，在规模较小的企业内，高管团队可以实现对企业更为全面和强势的控制（Miller et al.，1985）。只要TMT能够及时地对外部环境的变化作出快速的反应，就可以借助较少层级的内部指挥链来快速地作出的战略决策和意图。

由于我国民营企业所面临的经营环境的不确定性程度相对较高，为适应环境的变化而进行的组织变革也就在所难免。虽然较小规模的企业组织对外部经营环境的变化可以作出快速的反应，并可以迅速地采取措施进行组织变革。但在贯彻组织变革措施的能力上，规模较大的组织具有相对的优势。因为组织在其变革期间，是最容易受到外部冲击的最为脆弱的时期。规模较大的组织因为拥有更为丰厚的资源和能力，可以长时间地抵制外部环境变动的冲击。而小企业则没有这方面的条件，资源和能力的有限性不允许它们犯更多、更大和更长期的错误。所以，处于变革中的企业组织的存活率与其规模之间是正向的关系（Hannan et al.，1984）。此外，规模较大的企业由于拥有丰富的资源，可以取得足够的资金支持和技术支持来发展企业的技术研发并充分挖掘企业现有的创新潜力。根据以上分析，提出以下研究假设。

H3－8　TMT特征对企业绩效的影响受到企业规模的负向调节作用，企业规模越大，TMT特征对企业绩效的影响越小。

3.4.4 薪酬满意度

薪酬满意度包括薪酬总额（包含基本工资、奖金等所有福利待遇）满意度和薪酬分配公平性满意度。薪酬作为企业最重要的激励因素，影响了个人绩效的产出，进而影响企业的绩效。

员工的工作绩效取决于多种因素，可以用绩效函数来表示

$$P = f(M \times Ab \times E \times O) \tag{3.2}$$

公式中各个变量的含义是：P(Performance)：个人工作绩效；M(Motivation)：工作积极性（激励水平）；Ab(Ability)：工作能力；E(Environment)：工作条件（环境）；O(Opportunity)：机遇。

“绩效函数”中的能力、条件和机遇三类因素与个人的特征要素、企业所处的内外部环境有关，而团队绩效是建立在个人绩效基础之上的，TMT团队绩效除了受个人绩效的影响之外，还受到CEO对团队整合运作能力的影响。薪酬水平及TMT成员对薪酬的满意度是一个客观因素，它影响了其他几个因素的作用发挥。尽管目前学术界关于薪酬高低对企业绩效的影响，结论并不统一。如魏刚，杨乃鸽（2000）以765家上市公司为样本分析高管人员货币性报酬与公司业绩的相关性，结果发现高管人员的年度报酬与公司的经营业绩并不存在显著的正相关性，也就是说年度报酬对样本企业高层管理人员提高公司经营业绩并没有产生显著的激励作用。国外也有不少学者研究支持高管报酬与公司业绩之间不存在正相关关系或存在负相关关系(Hirschey et al.，1981)。当然，也有相当多的学者研究成果支持高管薪酬与公司业绩正相关关系（方媛媛等，2008）。但是，相对于国有企业的政治、声誉、福利等多方面的需求，由于我国民营企业职位与政府职务没有任何关系，因此，民营企业的高层管理者对政治、社会地位并不会奢望太多，他们更多地关心个人的福利待遇，以及得到的薪酬是否与自己的能力和作出的业绩相符，民营企业的TMT更多地把薪酬看作是对个人能力的一种认同。另外，相对于国有企业TMT较多的隐性收入和激励，民营企业更多的是显性收入。也就是说，民营企业的薪酬对于TMT来说具有满足生活需求和证明自我价值的双重功能，民营企业较高的自主性，也为薪酬实现上面的两个功能提供了条件。因此，民营企业的薪酬分配制度对提高TMT的工作积极性进而提升企业绩效起着非常重要的作用。

由于不同的行业、不同的地域，薪资水平也不相同，因此，薪酬激励作

用的发挥，不是以薪金的绝对数值的高低，而是以 TMT 个人对薪金的满意度和内部分配的公平性满意度两个指标来衡量。薪金满意度主要是指个人多得薪金的数额能否满足个人需求、与自己的能力及作出的贡献是否相符、与同行业同水平的人相比是否合理的主观判断，较高的薪金满意度，一方面可以激发 TMT 成员的工作积极性，提高其成就感；另一方面，还可以减少流失率，提高团队的稳定性，进而提高团队的运作效率，有利于 CEO 对团队的领导和整合；相反，较低的薪金满意度，会使高管成员工作消极，甚至人心涣散，流失率增加，增大了 CEO 对团队领导和整合的难度。分配公平性满意度主要是指员工对报酬分配的认知公平，公平理论认为薪酬满意度取决于与参照对象比较之后的公平性感知。若是付出与报酬的比率，与他所参照的对象相同时，他就会觉得这是一个公平的状况，并对这状况感到满意。要是比率不相同时，他就会觉得这是一个不公平的状况。若是其所得与付出的比率较高，他会觉得有罪恶感的存在，就会以更好的表现来弥补其过高的报酬；若是所得与付出的比率较低，他会发展出愤怒的情绪，然后会消极工作，以使其对报酬的分配的认知达到一种公平的情境（Folger，Greenberg，1985）。由公平理论可知，如果 TMT 成员的薪酬分配公平满意度较低，会影响成员的工作情绪，同时，这种不公平还可能会造成团队内部矛盾冲突和信息传递效率降低，从而影响团队的有效运作，进而影响企业的绩效。根据以上分析，提出以下研究假设。

H3 -9　TMT 特征对企业绩效的影响，受薪酬总额满意度和薪酬分配公平满意度的正向调节作用。

3.5　本章小结

本章首先分析了影响民营企业绩效的各种内外部因素，得出内生于企业内部的高层管理者的经营努力程度和经营能力的高低是造成企业差异的根本原因，也是影响企业绩效的最本质的要素，但其作用的发挥受到企业内外部环境的影响。然后，对民营企业 TMT 管理行为及运作过程对企业绩效的影响进行了分析。在此基础上，本书深入分析了民营企业 TMT 的平均特征水平和异质性特征的各个变量对企业绩效影响的机理并提出相关的理论假设。为了全面揭示 TMT 特征对企业绩效的关系，本章最后选取了 CEO 的个人特征、环境不确定、企业规模、薪酬满意度作为调节变量，分析了其调节作用，并提出相应的调节作用假设。本章的假设见表3.1。

表3.1 民营企业TMT特征对企业绩效影响的理论假设汇总

变量类型	假设序号	假设内容
平均特征变量	H1-1	民营企业TMT平均年龄对企业绩效呈倒“U”形关系
	H1-2	TMT平均任期与企业绩效正相关
	H1-3	民营企业TMT接受的平均教育水平与企业绩效呈正向关系
	H1-4	民营企业TMT的经济管理学方面的专业背景相较于其他专业教育背景更有利于提高企业绩效
	H1-5	民营企业TMT人均职能部门数目与企业绩效呈正向关系
	H1-6	民营企业TMT规模与企业绩效存在倒“U”形关系
异质性特征	H2-1	民营企业TMT的年龄异质性对企业绩效起正向作用
	H2-2	民营企业TMT任期异质性与企业绩效呈倒“U”形关系
	H2-3	民营企业TMT教育水平的异质性与企业绩效呈负向关系。
	H2-4	民营企业TMT专业背景的异质性与企业绩效正相关
	H2-5	民营企业TMT职能背景的异质性与企业绩效呈倒“U”形关系
调节变量	H3-1	TMT特征对企业绩效的影响，受到CEO的民主开放式领导行为的正向调节
	H3-2	专权独裁式领导负向调节TMT特征对企业绩效的影响
	H3-3	CEO与TMT平均年龄差异程度对企业绩效产生负向影响
	H3-4	CEO的受教育程度对TMT特征与企业绩效的关系起正向调节作用
	H3-5	CEO任期过长或过短降低TMT特征与企业绩效的关系影响强度
	H3-6	民营企业CEO的政治背景对企业绩效有正向调节作用
	H3-7	TMT特征对企业绩效的影响，受到企业所处的环境不确定性的调节作用
	H3-8	TMT特征对企业绩效的影响受到企业规模的负向调节作用
	H3-9	TMT特征对企业绩效的影响，受薪酬总额满意度和薪酬分配公平满意度的正向调节作用

第 4 章

民营企业 TMT 特征对企业绩效影响的模型构建及数据处理

在第 3 章，本书提出了关于民营企业 TMT 特征与企业绩效关系研究的概念模型及假设。本章首先构建检验假设的主要模型，然后根据模型需要阐述相关变量的测量方法及测量工具，确定调研对象、调研问卷的发放与回收方式。最后检验相关数据的效度和信度等。

4.1 民营企业 TMT 特征对企业绩效影响的检验模型的构建

本书需验证的理论假设有民营企业 TMT 平均特征对企业绩效的直接影响、TMT 特征异质性对企业绩效的直接影响、CEO 个人特征及组织层面的调节变量在 TMT 特征对企业绩效影响中的调节作用三类。根据以上的研究思路，确定本书模型构建的步骤如下：第一步引入 TMT 特征平均变量，第二步引入 TMT 特征异质性变量，第三步建立 TMT 特征平均水平变量和异质性变量对企业绩效的综合影响模型，第四步引入调节变量。

因此，根据第 3 章的理论假设，在检验 TMT 平均特征对企业绩效的直接影响时，建立方程为

$$\begin{aligned} Per = &\beta_0 + \beta_1 \mathrm{Ln}Aage + \beta_2 (\mathrm{Ln}Aage)^2 + \beta_3 Aten + \beta_4 Aedu + \beta_5 Aemb \\ &+ \beta_6 Afb + \beta_7 Tsize + \beta_8 (Tsize)^2 + \varepsilon \end{aligned} \tag{4.1}$$

在检验 TMT 异质性特征对企业绩效的直接影响时，建立方程为

$$Per = \beta_0' + \beta_1' Hage + \beta_2' Hten + \beta_3' (Hten)^2 + \beta_4' Hedu + \beta_5' Hmaj + \beta_6' Hfb + \beta_7' (Hfb)^2 + \varepsilon \quad (4.2)$$

在检验 TMT 特征同质性和异质性对企业绩效的综合影响时，建立方程为

$$Per = \beta_0 + \beta_1 \text{Ln}Aage + \beta_2 (\text{Ln}Age)^2 + \beta_3 Aten + \beta_4 Aedu + \beta_5 Aemb + \beta_6 Afb + \beta_7 Tsize + \beta_8 (Size)^2 + \beta_1' Hage + \beta_2' Hten + \beta_3' (Hten)^2 + \beta_4' Hedu + \beta_5' Hmaj + \beta_6' Hfb + \beta_7' (Hfb)^2 + \varepsilon \quad (4.3)$$

在检验调节变量的调节作用假时，本书将采用分布进入——进行验证的方法，用方程表示为

$$Per = \beta_0 + \beta_1 \text{Ln}Aage + \beta_2 (\text{Ln}Age)^2 + \beta_3 Aten + \beta_4 Aedu + \beta_5 Aemb + \beta_6 Afb + \beta_7 Tsize + \beta_8 (Size)^2 + \beta_1' Hage + \beta_2' Hten + \beta_3' (Hten)^2 + \beta_4' Hedu + \beta_5' Hmaj + \beta_6' Hfb + \beta_7' (Hfb)^2 + \beta_{1i}' A_i + \varepsilon \quad (4.4)$$

其中 A_i 为调节变量，$i = 1, 2, 3, 4, 5, 6$，分别表示环境不确定性、企业规模、CEO 年龄与 TMT 的平均年龄差异程度、CEO 教育程度、CEO 任期、CEO 政治背景；上述模型公式中，$Aage$、$Aten$、$Aedu$、$Aemb$、Afb、$Tsize$、$Hage$、$Hten$、$Hedu$、$Hmaj$、Hfb 分别表示 TMT 平均年龄、平均任期、平均受教育程度、平均经济管理学背景、平均职能背景数目、团队规模、年龄异质性、受教育程度异质性、专业背景异质性、职业背景异质性。

4.2 变量的测量

4.2.1 因变量：企业绩效

本书的因变量是民营企业的企业绩效。由于企业绩效真实的具体数字对于许多企业来说属于极其保密的内容，尤其对于民营企业来说因财务数据涉及银行、税务等政府部门与竞争对手等相关利益者，因此民营企业都不愿意公开企业的财务数据。鉴于民营企业绩效数据的难以获取性，本书采用问卷填写者用非数字的形式自我报告企业的相对绩效信息。通过自我报告相对绩效的方法，在战略管理和市场营销等领域中，具有比较稳定的可靠性和效度

（Venkatramn Ramanujam，1986）。Birley 等（1994）认为，这种通过与公司主营业务所在行业的最主要竞争对手相比较而获得的相对指标，反而更能反映公司的经营绩效，对于判断公司的实际绩效指标是一种比较重要的补充资料。从对企业绩效的了解程度考虑，企业高管团队掌握了企业战略决策权，团队成员往往都是企业战略制定的重要参与人和企业战略的主要实施人和监督人，因此对所在公司的业绩比较熟悉。此外，高管成员个人长期的从业经验和建立起来的人脉关系，以及接受的行业协会及政府部门组织的各种行业会议与资料宣传，为了解行业内主要竞争对手的业绩和竞争力奠定了基础。

为了全面地度量企业的绩效，本书借鉴 Kahandwalla（1976），Man（2001）及贺小刚（2006）等专家学者对企业绩效的测量指标，把企业的财务指标分解为税后总资产回报率、税后销售回报率、投资回报率、净利润率；把非财务指标分解为整体市场竞争力、销售增长率、市场占有率，并采用 5 点量表来进行评价。

最后根据主成分分析，因子得分系数矩阵和公因子的方差贡献率计算出每个企业绩效的综合评价得分，并以此作为企业绩效大小的评价标准。问卷指标的测量问项内容见表 4.1 和表 4.2。

表 4.1　　企业财务绩效指标的测量问项

财务业绩指标	明显较低	稍微较低	差不多	稍微较高	明显较高
税后总资产回报率	1	2	3	4	5
税后销售回报率	1	2	3	4	5
投资回报率	1	2	3	4	5
净利润率	1	2	3	4	5

表 4.2　　企业非财务指标的测量问项

非财务业绩指标	非常不满意	有些不满意	一般	有些满意	非常满意
整体市场竞争力	1	2	3	4	5
销售增长率	1	2	3	4	5
市场占有率	1	2	3	4	5
市场满意率	1	2	3	4	5

4.2.2 自变量：TMT 特征

本书选取民营企业 TMT 人口背景特征平均水平与异质性作为自变量。

1. TMT 特征平均水平

人口特征平均水平指标具体就是 TMT 平均年龄、TMT 平均团队任期、TMT 平均教育水平、TMT 职业背景、平均团队规模和 TMT 经济管理学背景，具体有以下测量方法。

（1）TMT 平均年龄（Average Age，Aage）。年龄是连续型变量，直接采用问卷数据，对来自于同一团队的问卷数据取平均值即可。

（2）平均团队任期（Average Team Tenure，Aten）。本书中团队任期指截至填写问卷日期，高管团队成员进入本企业高管团队的时间。由于任期是连续型变量，直接采用问卷数据，对来自于同一团队的问卷数据取平均值即可。

（3）TMT 平均教育水平（Average Eeducationlevel，Aedu）。教育水平分段为高中及以下、大专、本科、硕士及博士，分别赋值为 1、2、3、4 和 5，团队平均得分为团队成员总得分除以团队规模。

（4）平均经济管理学背景（Average Economic and Management Science Backgound，Aemb）。本书把高管成员接受经济管理专业背景教育记为 1，其他专业记为 0，团队得分为团队成员总得分除以团队规模。

（5）人均职能背景数目（Functional Backgound，Afb）。参照 Hambrick 和 Mason（1984）的部门分类方法，产出型部门包括主要包括销售部、市场部、售后服务部和产品研发部等、生产型部门主要包括生产部、行政部、会计部等，支持型部门则主要包括采购部、法律部、融资部。由于每位团队成员所从事过的职业为连续变量，把团队每位成员所从事过的职业数目相加再除以团队总人数就是 TMT 人均职业数目。

（6）TMT 团队规模（Team Size，Tsize）。虽然 TMT 规模不是 TMT 的人口特征，但它却是 TMT 的一项重要特征。本书用 TMT 总人数来表示 TMT 规模。

2. TMT 异质性特征

人口特征异质性则包括 TMT 年龄异质性、TMT 任期异质性、TMT 教育水平异质性、TMT教育专业异质性和TMT职业背景异质性。

采用科学、合理的方法，正确地计算不同类别变量的异质性决定了最终的研究结论是否正确。有学者认为对异质性变量的测量方法不恰当是在分析当前高管团队异质性研究时无法取得一致性结论的原因（Pitcher，Smith，1994）。目前，国内外测量高管团队异质性常用的方法有两种，一种是测量变量的标准差系数（Coefficient of Variation），即用变量的标准差除以均值，Allison（2001）通过对测量数据离散差异的各指标认真研究比较后得出：标准差系数由于是一个比例恒定的测量指标，因此在测量连续数据时，要优于标准差（Standard Deviation）和方差（Variation）。这是因为标准差和方差在表示数据的离散程度时，都无法考虑到变量平均水平的作用。所以，在测量数据的离散程度时，用标准差系数能够考虑到变量均值的作用，在测量连续型数据变量时会更加准确和合理；另一种是计算变量的Herfindal－Hirschman系数，也称为布劳（Blau）系数，是布劳最先用此系数来测量了高管团队的异质性，此系数的计算公式为

$$H = 1 - \sum_{i=1}^{n} P_i^2 \qquad (4.5)$$

式中 P_i 是第 i 类个体在总体中所占百分比，H 值为0～1，值越大，说明异团队的质性程度越高，经常用于测量离散型的类别变量如教育专业背景、职业经验等的异质性。而我国学者在研究时往往对变量数据类型不加区分，都采用布劳系数来计算，造成研究结论上的不一致。

本书选取的异质性自变量中，年龄、任期、教育水平属于连续数据，因此宜采用标准差系数法，而教育专业背景和职能背景属于分类变量，应采用布劳（Blau）系数。具体有以下测量方法。

（1）高管团队年龄异质性（Heterogeneity of Age Hage）、任期异质性（Heterogeneity of Tenure，Hten）。由于任期、年龄为连续型变量，采用标准差系数法，值越大表示各变量的异质性程度也越大。

（2）教育水平异质性（Heterogeneity of Education，Hedu）。教育水平分为高中及以下、大专、本科、硕士及博士，分别赋值为1、2、3、4和5，也为连续型变量，宜采用标准差系数法，值越大表示高层管理队员的教育水平差异越大。

（3）教育专业背景异质性（Heterogeneity of Major，Hmaj）。中外学者根据本国学科情况和研究需要，对教育专业进行了不同的分类。本书借鉴Wiersema & Bantel、Tihanyi、Hambrick & Cho、张平、教育部等中外学者及

部门对教育专业的分类方法，结合学科相似、我国民营企业高管所接受教育水平对个人管理能力提升的作用及本书研究的需要，将民营企业高管团队的教育专业重新调整为经济管理类（经济学、管理学）、法律类（法学）、科学工程类（理学、工学、农学）、文哲类（哲学、文学、历史学）、其他类（教育学、军事学、医学）五类。显然，这种分类属于离散型的类别变量，因此，应采用布劳系数。

（4）职能背景异质性（Heterogeneity of Functional Backgrand，Hfb）。根据第3章对职能部门的分类标准，结合民营企业高管人员来源的复杂性，将高管人员的职业职能背景分为产出型部门、生产型部门和支持型部门及其他非企业职能背景。其中产出型部门主要包括销售部、市场部、售后服务部和产品研发部等；生产型部门主要包括生产部、行政部、会计部等，支持型部门则主要包括采购部、法律部、融资部；其他类包括政府及事业单位人员、医生、演员等非企业性质的单位部门。职业背景也为分类变量，其异质性也采用布劳系数来计算。由于一人可能从事过多种职业，因此在计算时，以具有此类部门任职经验的总人数除以每人所具有的职能背景数目之和作为公式中 P_i 取值。

4.2.3 调节变量

1. CEO 个人层面特征

CEO 虽然属于 TMT 的一员，但其在企业中的特殊地位决定了 CEO 的个人层面的特征对企业绩效的影响远大于团队其他成员，因此，本书把 CEO 个人层面的特征作为 CEO 特征对企业绩效影响的调节变量加以研究。CEO 人口特征层面的调节变量主要有以下几类。

（1）CEO 年龄与 TMT 平均年龄差异（CEO Difference of Average Age，CDage）。本书用年龄差异系数来表示 CEO 与 TMT 平均年龄间的差异。所谓年龄差异系数用 CEO 年龄与 TMT 平均年龄的差的绝对值除以 TMT 的平均年龄来表示，值越大，表示差异也越大。

（2）教育程度（CEO Degree of Education，Cedu）。由于 CEO 更多地是处理战略层面的问题，对专业技术层面的问题并不是 CEO 工作的重点，教育程度在一定程度上反映了其认知水平和学习水平，其个人能力的高低在很大程度上直接影响了企业的绩效，因此把 CEO 的教育程度划分为：专科及以下、本科、硕士及以上三类。

（3）CEO任期。CEO任期指担任所在公司高管职务的时间（CEO Position Tenure，CPten）。由于CEO任期是连续型变量，本书直接采用问卷中CEO填写的任期。

（4）CEO政治背景（CEO Political Background，CPb）。吴文锋等认为高管不同的政府背景对企业绩效的影响可能不同。本书把高管团队的政府背景分为中央政府（包括全国人大代表）部门工作背景、地方政府（包括县级及以上人大代表）部门工作背景和无政府部门工作经历三类，分别赋值为3，2，1。

本书对CEO个性特征的研究，主要集中在民主开放式领导行为和专权独裁式领导行为对TMT特征与企业绩效关系的调节作用上。综合已有的文献，衡量CEO领导方式民主程度指标主要有公司高管对重大战略决策的参与制定权、CEO对下属工作的干预程度、CEO与下属的沟通交流。根据领导行为的连续统一性理论，本书用一维来表示CEO的民主开放程度，用Likert的五点量表进行测量，此项问卷由非CEO高管人员填写，得分大于2.5分，为民主开放式领导方式；得分低于2.5分为专权独裁式领导方式。测量项目见表4.3。具体内容见附录调查问卷二。

表4.3　CEO领导行为测量

序号	领导行为调查项目
1	公司重大战略决策CEO是否让高管全部参与制定
2	CEO是否同意部下做超过自己能力的工作
3	高管决定的事不论巨细是否必须向CEO请示报告
4	当没有取得预期成果时，CEO是否会给予严厉批评
5	当您与CEO的意见不一致时，CEO是否允许您辩解
6	与CEO一起工作时，是否感觉很有压力
7	即使很小的差错，CEO也要严厉地查明责任

2. 组织层面的调节变量

环境不确定性、企业规模、薪酬满意度虽然不是本书研究的重点，但它们却有可能直接影响了企业绩效或通过影响TMT作用的发挥来影响企业绩效，如果不对以下这几个变量加以分析，就会影响研究结论的可信度。

(1) 环境不确定性（Uncertain Environment，UncEnv）。环境的不确定性降低了企业获得信息的质量，通过影响企业高层管理者对组织决策、战略选择、组织结构设计、信息系统和财务系统的设计，进而影响到企业绩效目标的实现。民营企业面临着不确定的环境包括经济环境（经济结构、经济政策和货币政策）、政策环境（产业政策、环保政策）、市场环境（信息环境、市场竞争环境、市场进入和退出壁垒）和技术环境（技术的先进性、技术的易模仿性、专利保护）四个维度。本书采用 5 - Likert 量表进行测量，此项问卷由被调查企业高层管理人员填写，1 表示环境不确定性最“低”，5 表示环境不确定性最“高”，1 ~ 5 分别表示环境不确定性从最低到最高水平。环境不确定性的综合评价方法同企业绩效。调查问卷见附录。

(2) 企业规模。规模大的公司拥有更多的资源，影响高管团队成员的社会资本及技术资本，同时公司的规模越大，一般来说高管团队规模也更大，这会对团队人口特征的构成产生影响。因此，企业规模是本书中的一个控制变量，本书借鉴 Carpenter（2002）和 Richard and Shelor（2002）的方法，采用被调研公司的员工总数来度量企业规模。在多元回归分析中，为消除数据异方差和极端值带来的不利影响，通常对原始数据较大的数列进行对数变换，以产生一个更加平滑的新数列来进行分析。因此，本书将对数列进行对数变换来提高分析质量。

(3) 薪酬满意度（Pay Satisfaction，Psat）。薪酬虽然大多内生于企业制度，但民营企业高管人员的薪酬一般是由 CEO 口头和制度双因素决定的。薪酬总额和薪酬分配公平满意度影响了 TMT 的工作努力程度，进而影响企业绩效。对薪酬满意度的测量项及内容见表 4.4。

表 4.4 薪酬满意度测量

序号	调查题项
1	您对目前薪资总额水平满意程度
2	与同行业类似职位的管理者相比，您对目前薪资总额水平满意程度
3	您对自己的努力付出与得到的工资数额之间的公平满意程度
4	与公司内其他管理者相比，您对您的付出与得到的回报的满意程度
5	您对公司薪酬分配水平的总体满意程度

对以上测量项采用Likert的五点量表进行测量，选择项为非常不满意、不满意、基本满意、满意、非常满意，分别赋值为1、2、3、4、5。得分越高满意度也越高。薪酬满意度的综合评价方法同企业绩效。调查问卷见附录。

4.3　调查问卷设计及数据收集

4.3.1　调查问卷设计的原则

民营企业高管团队特征对企业绩效影响因素问卷调查是通过设计出科学、合理的调查问卷，要求被试者回答关于民营企业高管团队特征对企业绩效影响因素的相关问题，从中挖掘更多的潜在影响因素，从而达到调研的目的。科学地设计高质量的调查问卷是问卷调查的关键环节。

（1）理论和实践相结合原则。以民营企业高管团队特征对企业绩效影响机理作为调查问卷设计的出发点，以环境的不确定性、企业规模和薪酬满意度作为问卷设计的补充，首先设计出开放式的调查问卷，经过被试者反复的“试填—修改—测试”过程，以便让理论和实践充分结合，设计出严密、实践性较强的调查问卷。

（2）可比性原则。调查者来自于不同的岗位和地区，如果每个被调查者对调查表填写时把握的尺度不一，就会造成调查结果不可比。为了保证来自不同地区、不同岗位的被调查者回答的问题具有可比性，在设计调查问卷和分析信息时，更多地考虑填写者的背景，设计出横向可比的调查问卷。

（3）目的性原则。目的性原则包括三个方面：第一，调查问卷民营企业高管团队特征因素的设计必须与企业绩效紧密相关，从而保证课题研究的有效性；第二，设计的问卷应该容易让被调查者接受，从而保证被调查者愿意回答调查问卷提出的问题；第三，让被调查者能够理解对调查问卷问题回答的重要意义，从而认真、真实地填写问卷。

（4）逻辑性原则。一方面，要求调查问卷的设计整体上前后一致，具有整体感和统一性；另一方面，问卷内容的设计要条理清楚，可以采用先易后难、先一般后特殊的逻辑顺序，让被试者容易接受，提高回答问题的效果。

（5）简明针对性原则。杜绝使用应答者可能不明白的缩写、俗语或生僻的用语，问卷内容的设计要简明扼要，不涉及其他与调查无关的问题和保密事项，避免被调查者产生抵触情绪，便于获得全面和真实的信息。

4.3.2 调查问卷设计的过程

1. 民营企业高管团队特征对企业绩效影响指标体系确立的方法

（1）参照法。参照和借鉴中外文献中对民营企业高管团队特征对企业绩效影响的研究来拟定指标体系，通过阅读大量的文献资料，从中找出适合本书的一些指标，然后请一些专家和企业高管人员对之进行评价，评判选取的指标是否合适，根据研究目的进行指标增删。

（2）问卷统计法。通过调查问卷获取第一手材料，根据被调查者回答结果和指标选取的科学性、灵敏性和广泛性原则，结合研究团队的意见，在评价较高的指标中进行选取。

2. 民营企业高管团队特征对企业绩效影响因素调查问卷设计

根据学者 Gerbing 和 Ander（1988）；Dunn，Seaker 和 Waller（1994）提出的问卷调查设计建议，首先与民营企业高层管理人员进行了访谈，参阅前人研究成果，通过汇总分析，结合收集到的数据，设计出民营企业高管团队特征对企业绩效影响因素调查问卷。调查问卷的设计共经历了以下几个阶段。

（1）调查问卷初稿形成阶段。笔者通过大量研究民营企业高管团队特征对企业绩效影响的相关文献后，对影响企业绩效的民营企业高管团队特征因素进行了初探，深入分析民营企业高管团队特征对企业绩效影响的背景和问题，设计出适合本书的初始开放式调查问卷初稿（见附录）。

（2）预测试问卷形成阶段。在初稿形成的基础上，选择部分熟悉的民营企业对高层管理人员进行了实地访谈和问卷初稿测试，对访谈内容和初稿测试结果进行了汇总，吸取了文献中对本书有价值的成果，进行了总结和梳理，并征求本书研究团队的意见，删除初稿中认为不合适的风险因素，增加合理因素，形成预测试问卷，预测试问卷采用半开放式问卷（见附录）。

(3) 调查问卷终稿形成阶段。选取山东省不同地市不同民营企业的高层管理人员85名进行问卷测试，并根据测试结果增删测试问卷中民营企业高管团队特征对企业绩效影响因素测量项，经过5次“测试—增删—测试”过程，并经过研究团队的梳理和分析，形成最终调查问卷（见附录）。

4.3.3　样本选取及问卷的调查和收集

1. 调查样本的选取

为了更好地体现民营企业高管团队特征对企业绩效的影响，增强结论的普遍性，尽量避免因被调查人员的岗位和地区差异等样本来源的局限性，调查样本主体遵循随机性和广泛性的原则，不局限在某个地区和某个行业，在样本的发放和数据搜集渠道上，兼顾行业地理位置和被调研人员的广泛性，既选择了东部沿海地区，又选择了中西部地区。东部地区包括北京、河北、山东、江苏、上海和广东等省市；中部地区包括河南、安徽和江西等省市；西部地区包括重庆和云南等省市。调查人员包括被调查企业的董事长、总经理、财务总监、市场总监，及企业经理会主要决策成员。在行业样本的选择上，同样注重样本的多样性，本次调查对象的行业样本包括制造业、建筑业、物流业、信息技术业、批发零售业、房地产业、服务业等。

2. 调查方式的选取

由于高层管理团队成员工作一般比较忙，不能通过邮件或者电话访谈的方式进行，因此，在问卷调查方式上采取实地调研和托付给相关联系人的方式进行。考虑到可能会有部分高管对调研问卷不感兴趣，应付填写，对此，本书通过扩大调研数量，认真甄别有效样本来获取足够的有效的样本数量。

(1) 实地调研。由笔者和所在研究团队上门与被调查者交流并当面指导被调查者填写问卷，亲临调研现场，让被调查者感到对其重视，从而能够认真填写，达到预期目的，提高回收率，在调研结束后将问卷带回。尽管实地调研能够取得最佳的调研效果，但是，由于时间和经费限制，不可能完全采用实地调研的方式，所以，在时间、精力、经费允许的范围内尽可能采取实地调研的方式，本次调研采用这种方式调查问卷占总调查问卷的比例约

1/3，共调查企业 89 个，发放调查问卷 638 份，回收问卷 590 份，其中有效问卷 567 份，回收率和回收有效率占 92.5% 和 87.3%。

（2）付给相关联系人员。由于笔者作为某一民营企业高管，具有一定的社会网络关系，同时，笔者任职的企业属于中型制造企业，与多家民营企业具有业务往来关系，因此，本次通过个人社会关系网络、亲戚和朋友社会关系网络，以及与笔者任职的企业有业务来往关系的企业进行调查问卷的发放和数据收集，采用将问卷交给被调查者或托付给被调查企业的某位联系人，按照调查内容填写后在规定时间内寄回的调查方式。在相关联系人的选取上，要求其曾在企业从事过管理工作，且对被调研的企业有一定的了解。发放问卷前，先让其亲自填写一份，并把填写过程中出现的问题及时与笔者联系。采用托付给相关联系人方式共对 181 家民营企业进行了访谈，发放调查问卷 1280 份，回收调查问卷 1090 份，有效调查问卷 925 份，问卷回收率和回收有效率分别为 85.2% 和 72.3%。

3. 问卷处理

由于本书是以企业为单位进行研究，因此，若某位高管填写不全都会导致企业各项指标数值不太准确，而对每家企业来说，由于高管人数并不多，一份问卷可能会影响整个企业问卷的有效性，进而可能会影响结论的有效性。基于此考虑，本书以企业为单位，只要有一份问卷未回收或为无效问卷，则此企业样本为无效样本。本调研共涉及被调查企业 270 个，发放调查问卷 1918 份，回收问卷 1680 份，扣除回答不完整或回答不符合问卷设计要求的 188 份，共收到有效问卷 1492 份，回收率和回收有效率分别为 87.59% 和 77.79% 通过实地调研方式得到有效企业有 72 家，有效率为 80.90%；托付相关联系人调研方式得到有效企业 104 家，有效率为 57.46%。这 176 家有效样本企业的有效问卷总共为 1253 份，调查有效企业样本情况见表 4.5。

4.3.4 单因素方差分析

本书采用实地调研、托付给相关联系人员两种方式进行调研，为了考察通过两种方式问答是否存在显著差异，能否合并进行数据分析，本书将所有指标合并进行单因素方差分析，结果表明，两种方式对问卷题项回答的均值不存在显著差异，可以合并进行数据处理，见表 4.6。

表 4.5　　民营企业高管团队特征对企业绩效影响问卷调查样本情况

因素	类别	有效样本数	比例（%）	因素	类别	有效样本数	比例（%）
性别	男	954	76.14	从事本行业年限	5 年以下	148	11.73
	女	299	23.86		5～10 年	638	50.92
年龄	30 岁以下	89	7.10		10 年以上	467	37.35
	30～40 岁	378	30.16	企业类别	制造业	89	51.57
	40～50 岁	402	32.10		建筑业	7	3.98
	50～60 岁	267	21.31		物流业	6	3.41
	60 岁以上	117	9.33		信息技术业	9	4.81
学历	博士	23	1.84		批发零售业	20	11.36
	硕士	164	13.08		房地产业	15	8.52
	本科	305	24.34		服务业	10	5.68
	专科	621	49.56		金融业	8	4.55
	高中及以下	140	11.17		其他	12	6.82

表 4.6　　单因素方差分析表

因素		Sum of Squares	*df*	Mean Square	*F*	Sig.
税后总资产回报率	Between Groups	0.152	1	0.152	0.118	0.732
	Within Groups	225.475	175	1.288		
	Total	225.627	176			
税后销售回报率	Between Groups	0.188	1	0.188	0.229	0.633
	Within Groups	143.857	175	0.822		
	Total	144.045	176			
投资回报率	Between Groups	1.766	1	1.766	1.689	0.195
	Within Groups	182.957	175	1.045		
	Total	184.723	176			

续表

因素		Sum of Squares	df	Mean Square	F	Sig.
净利润率	Between Groups	0. 734	1	0. 734	0. 611	0. 435
	Within Groups	210. 181	175	1. 201		
	Total	210. 915	176			
整体市场竞争力	Between Groups	1. 51	1	1. 51	1. 126	0. 29
	Within Groups	234. 659	175	1. 341		
	Total	236. 169	176			
销售增长率	Between Groups	0. 319	1	0. 319	0. 343	0. 559
	Within Groups	162. 744	175	0. 93		
	Total	163. 062	176			
市场占有率	Between Groups	0. 158	1	0. 158	0. 129	0. 719
	Within Groups	213. 176	175	1. 218		
	Total	213. 333	176			
市场满意率	Between Groups	0. 018	1	0. 018	0. 018	0. 894
	Within Groups	174. 027	175	0. 994		
	Total	174. 045	176			
民主开放式	Between Groups	0. 124	1	0. 124	0. 123	0. 726
	Within Groups	175. 537	175	1. 003		
	Total	175. 661	176			
中间式	Between Groups	0. 26	1	0. 26	0. 224	0. 636
	Within Groups	202. 599	175	1. 158		
	Total	202. 859	176			
专权独裁式	Between Groups	0. 15	1	0. 15	0. 173	0. 678
	Within Groups	151. 726	175	0. 867		
	Total	151. 876	176			
经济环境	Between Groups	0. 131	1	0. 131	0. 145	0. 704
	Within Groups	157. 508	175	0. 9		
	Total	157. 638	176			

续表

因素		Sum of Squares	*df*	Mean Square	*F*	Sig.
政策环境	Between Groups	0.007	1	0.007	0.006	0.937
	Within Groups	193.925	175	1.108		
	Total	193.932	176			
市场环境	Between Groups	0.011	1	0.011	0.007	0.934
	Within Groups	278.882	175	1.594		
	Total	278.893	176			
技术环境	Between Groups	0.162	1	0.162	0.25	0.618
	Within Groups	113.307	175	0.647		
	Total	113.469	176			
薪资总额满意度	Between Groups	0.152	1	0.152	0.202	0.654
	Within Groups	131.475	175	0.751		
	Total	131.627	176			
与同行比薪资总额满意度	Between Groups	4.981	1	4.981	6.032	0.015
	Within Groups	144.522	175	0.826		
	Total	149.503	176			
付出得到公平满意度	Between Groups	0.256	1	0.256	0.278	0.599
	Within Groups	161.213	175	0.921		
	Total	161.469	176			
内部付出得到相比满意度	Between Groups	0.139	1	0.139	0.216	0.642
	Within Groups	112.584	175	0.643		
	Total	112.723	176			
薪酬总体水平满意度	Between Groups	0.139	1	0.139	0.164	0.686
	Within Groups	148.584	175	0.849		
	Total	148.723	176			

4.4 样本特征描述性分析

4.4.1 TMT 特征分布

1. TMT 特征平均水平分布

调查问卷统计项包括平均年龄、平均团队任期、平均经济学管理背景、平均教育水平、平均职业背景、平均团队规模六项内容。本次调查共涉及 270 家民营企业，所统计的数值均为调查类别中各统计内容的平均值（采取四舍五入法取整），TMT 特征平均水平分布统计结果见表 4.7。

表 4.7　　TMT 特征平均水平分布统计结果

统计项	类别	样本总数	有效样本	比例/(%)
平均年龄	30 岁以下	176	25	14.20
	30 ~ 35 岁	176	21	11.93
	35 ~ 40 岁	176	42	23.86
	40 ~ 45 岁	176	38	21.59
	45 ~ 50 岁	176	32	18.18
	50 岁以上	176	18	10.23
平均团队任期	5 年以下	176	18	10.23
	5 ~ 10 年	176	98	55.68
	10 ~ 15 年	176	47	26.70
	15 年以上	176	13	7.39
平均经济学管理背景	有	176	124	70.45
	无	176	52	29.55

续表

统计项	类别	样本总数	有效样本	比例/(%)
平均教育水平	高中及以下	176	9	5.11
	高中至专科	176	60	34.09
	专科至本科	176	77	43.75
	本科至研究生	176	25	14.20
	研究生以上	176	5	2.85
平均职能背景	2家以下	176	33	18.75
	2~4家	176	89	50.57
	4~6家	176	40	22.73
	6家以上	176	14	7.95
平均团队规模	4人以下	176	43	24.44
	4~7人	176	76	43.18
	7人以上	176	57	32.38

2. TMT异质性特征分布

调查问卷统计项包括高层管理团队年龄异质性、高层管理团队任期异质性、高层管理团队教育水平异质性、高层管理团队教育专业背景异质性、高层管理团队职业背景异质性五项内容。本次调查共涉及270家民营企业，所统计的数值均为调查类别中各统计内容的平均值（采取四舍五入法取整），TMT异质性特征分布统计结果见表4.8。

表4.8　TMT异质性特征分布

统计项	类别	样本总数	有效样本	比例/(%)
年龄	0.2以下	176	80	45.45
	0.2~0.4	176	45	25.57
	0.4以上	176	51	28.98
任期	0.2以下	176	36	20.46
	0.2~0.4	176	58	32.95
	0.4~0.6	176	50	28.41
	0.6以上	176	32	18.18

续表

统计项	类别	样本总数	有效样本	比例/(%)
教育水平	0.1 以下	176	25	14.20
	0.1～0.2	176	59	33.52
	0.2～0.3	176	57	32.39
	0.3 以上	176	35	19.89
教育专业背景	0.2 以下	176	28	15.90
	0.2～0.4	176	51	28.98
	0.4～0.6	176	73	41.48
	0.6 以上	176	24	13.64
职业背景	0.2 以下	176	54	30.68
	0.2～0.4	176	69	39.21
	0.4～0.6	176	43	24.43
	0.6 以上	176	10	5.68

4.4.2 CEO 个人层面特征分布

调查问卷统计项包括 CEO 年龄与 TMT 平均年龄差异、CEO 教育程度、CEO 任期、CEO 政治背景、CEO 个性特征五项内容。本次调查共涉及 270 家民营企业，所统计的数值均为调查类别中各统计内容的有效样本数，CEO 个人层面特征分布统计结果见表 4.9。

表 4.9　　CEO 个人层面特征分布统计结果

统计项	类别	样本总数	有效样本	比例/(%)
年龄差异系数	0.2 以下	176	56	31.82
	0.2～0.4	176	87	49.43
	0.4～0.6	176	23	13.07
	0.6 以上	176	10	5.68
教育程度	高中及以下	176	22	12.50
	专科	176	64	36.36
	本科	176	65	36.93
	硕士及以上	176	25	14.21

续表

统计项	类别	样本总数	有效样本	比例/(%)
任期	5 年以下	176	19	10.80
	5~10 年	176	65	36.93
	10~20 年	176	78	44.32
	20 年以上	176	14	7.95
政治背景	中央政府	176	23	13.07
	地方政府	176	48	27.27
	无政府	176	105	59.66
个性特征分布	民主开放式	176	42	23.86
	中间式	176	48	27.27
	专权独裁式	176	86	48.87

4.4.3　TMT 组织层面变量调查结果统计

调查问卷统计项包括组织面临环境的不确定性、TMT 所在企业的企业规模和 TMT 对薪酬的满意程度三项内容。其中，组织面临环境的不确定性包括经济环境、政策环境、市场环境和技术环境，采用 5 - Likert 量表进行测量，此项问卷由被调查企业高层管理人员填写，1 表示环境不确定性最“低”，5 表示环境不确定性最“高”，1~5 分别表示环境不确定性从最低到最高水平，表中得分是同一企业高层管理人员对该项内容的打分的平均值所在的区间。薪酬满意度包括高层管理人员对目前薪资总额水平满意程度、高层管理人员与同行业类似职位的管理者相比对目前薪资总额水平满意程度、高层管理人员对自己的努力付出与得到的工资数额之间的公平满意程度、高层管理人员与公司内其他管理者相比对您的付出与得到的回报的满意程度、您对公司薪酬分配水平的总体满意程度。薪酬满意度亦采用对组织环境不确定性的调查方式进行。本次调查共涉及 270 家民营企业，所统计的数值均为调查类别中各统计内容的有效样本数，TMT 组织层面变量调查结果统计结果见表 4.10。

表 4.10 TMT 组织层面变量调查结果统计

统计项	类别	得分	样本总数	有效样本	比例/(%)
环境不确定性	经济环境	1~2	176	10	5.68
		2~3	176	44	25.00
		3~4	176	88	50.00
		4~5	176	34	19.32
	政策环境	1~2	176	19	10.80
		2~3	176	80	45.45
		3~4	176	51	28.98
		4~5	176	26	14.77
	市场环境	1~2	176	8	4.54
		2~3	176	57	32.39
		3~4	176	70	39.77
		4~5	176	41	23.30
	技术环境	1~2	176	42	23.86
		2~3	176	66	37.50
		3~4	176	57	32.39
		4~5	176	11	6.25
企业规模	200 人以下		176	20	11.37
	200~500 人		176	21	11.93
	500~1000 人		176	50	28.41
	1000~2000 人		176	53	30.11
	2000 人以上		176	32	18.18
薪酬满意度	薪资总额满意度	1~2	176	3	1.71
		2~3	176	25	14.20
		3~4	176	125	71.02
		4~5	176	23	13.07
	与同行比薪资总额满意度	1~2	176	11	6.25
		2~3	176	59	33.52
		3~4	176	67	38.07
		4~5	176	39	22.16

续表

统计项	类别	得分	样本总数	有效样本	比例/(%)
薪酬满意度	付出得到公平满意度	1~2	176	12	6.82
		2~3	176	53	30.11
		3~4	176	73	41.48
		4~5	176	38	21.59
	内部付出得到相比满意度	1~2	176	7	3.98
		2~3	176	46	26.14
		3~4	176	86	48.86
		4~5	176	37	21.02
	薪酬总体水平满意度	1~2	176	14	7.95
		2~3	176	45	25.57
		3~4	176	79	44.89
		4~5	176	38	21.59

4.5 测量工具效度和信度检验

效度指能正确测量到所要测量特质的程度，一般称之为测验的可靠性或有效性。效度可分为内容效度、效标关联效度和建构效度。校标关联效度是一种属于事后统计分析的检验方法，由于本书对各个测量题项都是直接测量，很难找到其他标准作辅助，所以，无法进行校标关联效度分析，因此，本节只讨论内容效度和建构效度。

内容效度是一种事前的逻辑分析、测量和理性的判断，指测量题项的代表性、对测量行为层面取样的适切性。由于研究所采用的测量项均来自于前人研究文献，并且在制定问卷之前已经抽取样本进行问卷预测试，将不合理选项删除，增添合理选项，经过多次“测试－分析－增删选项”的过程，最终确定总量表和各分量表的测量项，所以问卷具有较高的内容效度。

建构效度是用来解释个体行为的假设性理论架构的可靠性，指测量出理论的概念和特征程度。建构效度一般由收敛效度和区别效度来检验。

依据 Sethi & Carraher（1993）建议，如果测量模型中含有测量题项较多，而相对样本有限情况下，无法在同一个模型中以完整模型来检验收敛效度，则可采用有限信息方式，将模型测量题项按理论分成各个独立的小模型分别检验。本节根据前文分析结果将模型分为3个子模型，分别为企业绩效量表、CEO个性特征量表和组织层面量表，分别进行独立检测。

4.5.1 测量工具效度检验

1. 企业绩效量表的效度检验

为了便于分析，首先对企业绩效变量进行编号，编号结果见表4.11。

表4.11 企业绩效因素量表

检验项	指标	代码	检验项	指标	代码
财务业绩指标	税后总资产回报率	A11	非财务业绩指标	整体市场竞争力	A21
	税后销售回报率	A12		销售增长率	A22
	投资回报率	A13		市场占有率	A23
	净利润率	A14		市场满意率	A24

本书利用SPSS 24.0统计软件对创新驿站风险因素指标进行效度检验，对样本数据以主轴法初步抽取共同因素以及进行正交旋转（Varimax），根据默认模式，对特征根的值大于1的值进行因子自由提取，检验结果见表4.12。

表4.12 KMO and Bartlett's 检验

Kaiser – Meyer – Olkin Measure of Sampling Adequacy.		0.822
Bartlett's Test of Sphericity	Approx. Chi – Square	806.108
	df	36
	Sig.	0.000

一般情况下，统计量KMO大于0.9时效果极佳，大于0.8以上有价值，大于0.7以上可以接受，0.5以下不宜作因子分析。由表4.12可知，KMO值为0.822，处于“极佳”和“有价值”标准之间，Bartlett's Test值为806.108，显著性为0.000，表明样本数据通过KMO取样适当性检验及Bartlett 球形检验，适合进行因子分析。

对样本数据以主轴法初步抽取共同因素以及进行正交旋转（Varimax），提取特征根大于 1 的主成分见表 4. 13。

表 4. 13　　Total Variance Explained

Component	Initial Eigenvalues			Extraction Sums of Squared Loadings			Rotation Sums of Squared Loadings		
	Total	% of Variance	Cumulative %	Total	% of Variance	Cumulative %	Total	% of Variance	Cumulative %
1	2. 997	37. 461	37. 461	2. 997	37. 461	37. 461	2. 945	36. 815	36. 815
2	2. 744	34. 300	71. 761	2. 744	34. 300	71. 761	2. 796	34. 946	71. 761
3	0. 530	6. 621	78. 382						
4	0. 475	5. 936	84. 317						
5	0. 406	5. 075	89. 393						
6	0. 352	4. 397	93. 790						
7	0. 294	3. 670	97. 460						
8	0. 203	2. 540	100. 000						

Extraction Method：Principal Component Analysis.

表 4. 13 得到特征根大于 1 的两个主成分因子，可解释变量变异量分别为 37. 461%、34. 300%，累计反映了总体 71. 761% 的信息。在社会科学中，保留的因素所能解释的变异量以达到 60% 为理想，本书研究达到 71. 761%，表示具有良好的效度。

由于未经旋转时，无法区分主成分在每个风险因素上的载荷，为了体现主成分因子的代表性，采用正交旋转，转轴总共经过 3 次迭代（Iteration）达到内设收敛（Converge）标准。旋转后的载荷矩阵见表 4. 14，因子系数得分矩阵见表 4. 15。

表 4. 14　　Rotated Component Matrix（a）

代码	Component	
	1	2
A11	0. 803	0. 067
A12	0. 818	-0. 081

续表

代码	Component	
	1	2
A13	0. 819	-0. 079
A14	0. 821	0. 064
A21	-0. 110	0. 906
A22	-0. 101	0. 835
A23	-0. 038	0. 834
A24	0. 170	0. 840

Extraction Method：Principal Component Analysis.
Rotation Method：Varimax with Kaiser Normalization

表 4. 15　　　　Component Score Coefficient Matrix

代码	Component	
	1	2
A11	0. 217	0. 114
A12	0. 236	0. 067
A13	0. 236	0. 068
A23	0. 222	0. 115
A21	-0. 119	0. 283
A22	-0. 109	0. 261
A23	-0. 092	0. 268
A24	-0. 035	0. 293

Extraction Method：Principal Component Analysis.

由表4. 14 可知，因子载荷最小值为0. 803，两个特征根大于1 的主成分可解释变量为71. 761%，说明量表进行因子分析的效度很好。

2. CEO 个性特征量表的效度检验

为了便于分析，首先对 CEO 个性特征变量进行编号，编号结果见表4. 16。

表 4.16　　　　　　　　　　**CEO 个性特征量表**

检验项	指标	代码
个性特征	民主开放式	B11
	中间式	B12
	专权独裁式	B13

本书利用 SPSS 24.0 统计软件对创新驿站风险因素指标进行效度检验，对样本数据以主轴法初步抽取共同因素以及进行正交旋转，根据默认模式，根据特征根的值大于 1 的值进行因子自由提取，检验结果见表 4.17。

表 4.17　　　　　　　　　　**KMO and Bartlett's Test**

Kaiser – Meyer – Olkin Measure of Sampling Adequacy.		0.739
Bartlett's Test of Sphericity	Approx. Chi – Square	283.936
	df	3
	Sig.	0.000

一般情况下，统计量 KMO 大于 0.9 时效果极佳，大于 0.8 以上有价值，大于 0.7 以上可以接受，0.5 以下不宜做因子分析。由表 4.17 可知，KMO 值为 0.739，处于“可以接受”和“有价值”标准之间，Bartlett's Test 值为 283.936，显著性为 0.000，表明样本数据通过 KMO 取样适当性检验及 Bartlett 球形检验，适合进行因子分析。

对样本数据以主轴法初步抽取共同因素以及进行正交旋转，提取特征根大于 1 的主成分见表 4.18。

表 4.18　　　　　　　　　　**Total Variance Explained**

Component	Initial Eigenvalues			Extraction Sums of Squared Loadings		
	Total	% of Variance	Cumulative %	Total	% of Variance	Cumulative %
1	2.099	69.961	69.961	2.099	69.961	69.961
2	0.529	17.636	87.597			
3	0.372	12.403	100.000			

Extraction Method：Principal Component Analysis.

由表4.18得到特征根大于1的一个主成分因子，可解释变量变异量反映了总体69.961%的信息。在社会科学中，保留的因素所能解释的变异量以达到60%为理想，本书研究达到69.961%，表示具有良好的效度。

因为只抽取一个主成分，所以无法进行旋转，所以，表4.19和表4.20列出未经旋转的载荷矩阵和因子系数得分矩阵。

表4.19　Component Matrix（a）

代码	Component
A7	0.846
A9	0.797
A19	0.825

Extraction Method：Principal Component Analysis.
a　1 components extracted.

表4.20　Component Score Coefficient Matrix

代码	Component
A7	0.416
A9	0.392
A19	0.406

Extraction Method：Principal Component Analysis.
Rotation Method：Varimax with Kaiser Normalization.

由表4.19可知，因子载荷最小值为0.797，两个特征根大于1的主成分可解释变量的69.961%，说明量表进行因子分析的效度较好。

3. 组织层面量表的效度检验

为了便于分析，首先对组织层面变量进行编号，编号结果见表4.21。

本书利用SPSS 24.0统计软件对创新驿站风险因素指标进行效度检验，对样本数据以主轴法初步抽取共同因素以及进行正交旋转，根据默认模式，根据特征根的值大于1的值进行因子自由提取，检验结果见表4.22。

表4.21　　组织层面变量量表统计结果

检验项	指标	代码	检验项	指标	代码
环境不确定性	经济环境	C11	薪酬满意度	薪资总额满意度	C21
	政策环境	C12		与同行比薪资总额满意度	C22
	市场环境	C13		付出得到公平满意度	C23
	技术环境	C14		内部付出得到相比满意度	C24
				薪酬总体水平满意度	C25

表4.22　　KMO and Bartlett's Test

Kaiser – Meyer – Olkin Measure of Sampling Adequacy.		0.765
Bartlett's Test of Sphericity	Approx. Chi – Square	727.048
	df	36
	Sig.	0.000

一般情况下，统计量KMO大于0.9时效果极佳，大于0.8以上有价值，大于0.7以上可以接受，0.5以下不宜作因子分析。由表4.22可知，KMO值为0.765，处于"可以接受"和"有价值"标准之间，Bartlett's Test值为727.048，显著性为0.000，表明样本数据通过KMO取样适当性检验及Bartlett球形检验，适合进行因子分析。

对样本数据以主轴法初步抽取共同因素以及进行正交旋转，提取特征根大于1的主成分见表4.23。

表4.23　　Total Variance Explained

Component	Initial Eigenvalues			Extraction Sums of Squared Loadings			Rotation Sums of Squared Loadings		
	Total	% of Variance	Cumulative %	Total	% of Variance	Cumulative %	Total	% of Variance	Cumulative %
1	3.328	36.973	36.973	3.328	36.973	36.973	3.327	36.970	36.970
2	2.670	29.670	66.643	2.670	29.670	66.643	2.671	29.673	66.643
3	0.682	7.577	74.220						
4	0.576	6.401	80.621						

续表

Component	Initial Eigenvalues			Extraction Sums of Squared Loadings			Rotation Sums of Squared Loadings		
	Total	% of Variance	Cumulative %	Total	% of Variance	Cumulative %	Total	% of Variance	Cumulative %
5	0. 476	5. 293	85. 914						
6	0. 446	4. 961	90. 875						
7	0. 322	3. 579	94. 454						
8	0. 281	3. 126	97. 580						
9	0. 218	2. 420	100. 000						

Extraction Method：Principal Component Analysis.

由表 4. 23 得到特征根大于 1 的两个主成分因子，可解释变量变异量反映了总体 66. 643% 的信息。在社会科学中，保留的因素所能解释的变异量以达到 60% 为理想，本书则达到 66. 643%，表示具有良好的效度。

由于未经旋转时，无法区分主成分在每个风险因素上的载荷，为了体现主成分因子的代表性，采用正交旋转，转轴总共经过 3 次迭代达到内设收敛标准。旋转后的载荷矩阵见表 4. 24，因子系数得分矩阵见表 4. 25。

表 4. 24　　　Rotate Component Matrix（a）

代码	Component	
	1	2
A7	-0. 118	0. 828
A9	-0. 051	0. 763
A19	0. 016	0. 813
A21	0. 148	0. 844
A11	0. 804	0. 074
A12	0. 823	-0. 099
A16	0. 820	-0. 020
A22	0. 818	0. 094
A23	0. 789	-0. 068

Extraction Method：Principal Component Analysis.
Rotation Method：Varimax with Kaiser Normalization.
a　Rotation converged in 3 iterations.

表4.25　　Component Score Coefficient Matrix

代码	Component	
	1	2
A7	-0.034	0.310
A9	-0.014	0.286
A19	0.006	0.304
A21	0.046	0.316
A11	0.242	0.029
A12	0.247	-0.036
A16	0.246	-0.006
A22	0.246	0.037
A23	0.237	-0.024

Extraction Method：Principal Component Analysis.
Rotation Method：Varimax with Kaiser Normalization.

由表4.24可知，因子载荷最小值为0.763，两个特征根大于1的主成分可解释变量的66.643%，说明量表进行因子分析的效度很好。

4.5.2　测量工具信度检验

信度是指测验工具所得结果的一致性或稳定性。信度的特征包括：(1) 信度不是指测验结果本身，而是测验结果的一致性。(2) 信度不是泛指一般的一致性，而是某一特定类型下的一致性；信度是效度的必要条件，而非充分条件；信度检验完全依据统计方法。最常用的信度检验方法有重测信度、复本信度、分半信度、库里信度与Cronbach α值、测量标准误差、Hoyt信度系数值、评分者信度等。

通过访谈、测验等收集数据工具得到的数据是否具有较高信度，必须通过适当的统计方法检验，才能为研究所接受。本书研究采用SPSS 17.0统计内部一致性系数Cronbach's α值来分析变量测度的各题项间有多高频率保持得分相同。只有验证量表的信度，才能验证变量的测量是否符合因子分析要求。其中，Cronbach's α值的检验标准是：Cronbach's α系数大于0.9，表明量表的信度很高；Cronbach's α系数介于0.8~0.9之间，表明量表信度可以接受；Cronbach's α 系数介于 0.7 ~0.8 之间，可以认为量表设计有一定的问题，但仍有一定的参考价值；如果 Cronbach's α 系数小于 0.7，说明量表设计存在较大问题，需要进行修改。本书通过计算每个维度所对应题项的 Cronbach's α 值来验证总量表和分量表的信度。

1. 企业绩效量表的信度检验及分析

（1）财务绩效指标测量工具的信度检验及分析。财务绩效指标测量工具的信度检验结果见表 4.26：Cronbach's α 值为 0.863459，标准化的 Cronbach's α 值为 0.864373，表明量表的信度较高；由表中分析结果可知，修正条款总相关系数（Corrected Item – Total Correlation）的值都比较高，均大于 0.5；删除某问项后（Cronbach's Alpha if Item Deleted）的 α 值均没有得到提高。以上说明本量表的内在信度较高。

表 4.26　　财务绩效指标测量工具的信度检验结果

代码	Scale Mean if Item Deleted	Scale Variance if Item Deleted	Corrected Item – Total Correlation	Squared Multiple Correlation	Cronbach's Alpha if Item Deleted
A11	9.955224	7.164631	0.783945	0.635487	0.794647
A12	10.0597	7.48123	0.746642	0.57259	0.811076
A13	10.16418	8.230213	0.632556	0.402329	0.857531
A14	10.25373	8.58616	0.697302	0.509872	0.834466
Cronbach's Alpha = 0.863459			Cronbach's Alpha Based on Standardized Items = 0.864373		

（2）非财务绩效指标测量工具的信度检验及分析。非财务绩效指标测量工具的信度检验结果见表 4.27：Cronbach's α 值为 0.913352，标准化的 Cronbach's α 值为 0.920239，表明量表的信度很高；由表中分析结果可知，修正条款总相关系数（Corrected Item – Total Correlation）的值都比较高，均大于 0.5；删除某问项后（Cronbach's Alpha if Item Deleted）的 α 值均没有得到提高。以上说明本量表的内在信度很高。

表4.27 非财务绩效指标测量工具的信度检验结果

代码	Scale Mean if Item Deleted	Scale Variance if Item Deleted	Corrected Item – Total Correlation	Squared Multiple Correlation	Cronbach's Alpha if Item Deleted
A21	10. 02924	11. 41679	0. 891047	0. 815236	0. 890872
A22	10. 77193	10. 42415	0. 857247	0. 775603	0. 900871
A23	10. 912281	11. 05697	0. 818898	0. 69558	0. 912733
A24	10. 181287	11. 97282	0. 781808	0. 683928	0. 9241
Cronbach's Alpha = 0. 913352			Cronbach's Alpha Based on Standardized Items = 0. 920239		

2. CEO个性特征量表的效度检验

CEO个性特征量表测量工具的信度检验结果见表4.28：Cronbach's α值为0.890192，标准化的Cronbach's α值为0.892562，表明量表的信度很高；由表中分析结果可知，修正条款总相关系数（Corrected Item – Total Correlation）的值都比较高，均大于0.5；删除某问项后（Cronbach's Alpha if Item Deleted）的α值均没有得到提高。以上说明本量表的内在信度很高。

表4.28 CEO个性特征量表测量工具的信度检验结果

代码	Scale Mean if Item Deleted	Scale Variance if Item Deleted	Corrected Item – Total Correlation	Squared Multiple Correlation	Cronbach's Alpha if Item Deleted
B11	6. 1929825	5. 368421	0. 82631	0. 683158	0. 814072
B12	7. 0760234	5. 023598	0. 773298	0. 61478	0. 854995
B13	6. 9883041	5. 023392	0. 763252	0. 594744	0. 864562
Cronbach's Alpha = 0. 890192			Cronbach's Alpha Based on Standardized Items = 0. 892562		

3. 组织层面量表的效度检验

（1）环境不确定性测量工具的信度检验及分析。环境不确定性测量测量工具的信度检验结果见表4.29：Cronbach's α值为0.937855，标准化的Cronbach's α值为0.938612，表明量表的信度很高；由表中分析结果可知，修正条款总相关系数（Corrected Item – Total Correlation）的值都比较高，均大于0.5；删除某问项后（Cronbach's Alpha if Item Deleted）的α值均没有得到提高。以上说明本量表的内在信度很高。

表 4.29 环境不确定性测量工具的信度检验结果

代码	Scale Mean if Item Deleted	Scale Variance if Item Deleted	Corrected Item - Total Correlation	Squared Multiple Correlation	Cronbach's Alpha if Item Deleted
C11	13.169591	19.87107	0.888958	0.81759	0.914641
C12	13.912281	18.16285	0.903729	0.854772	0.909955
C13	14.052632	19.47368	0.81405	0.697259	0.927134
C14	13.321637	20.77241	0.76618	0.683929	0.935339
Cronbach's Alpha = 0.937855			Cronbach's Alpha Based on Standardized Items = 0.938612		

（2）薪酬满意度测量测量工具的信度检验及分析。薪酬满意度测量工具的信度检验结果见表 4.30：Cronbach's α 值为 0.865417，标准化的 Cronbach's α 值为 0.866584，表明量表的信度较高；由表中分析结果可知，修正条款总相关系数（Corrected Item - Total Correlation）的值都比较高，均大于 0.5；删除某问项后（Cronbach's Alpha if Item Deleted）的 α 值均没有得到提高。以上说明本量表的内在信度较高。

表 4.30 薪酬满意度测量工具的信度检验结果

代码	Scale Mean if Item Deleted	Scale Variance if Item Deleted	Corrected Item - Total Correlation	Squared Multiple Correlation	Cronbach's Alpha if Item Deleted
C31	14.397661	12.93505	0.672182939	0.539228233	0.843376185
C32	13.766082	15.62731	0.53831043	0.445640709	0.865306371
C33	13.748538	14.6011	0.695200944	0.484860542	0.837932968
C34	14.48538	12.41596	0.752649381	0.601201686	0.82029856
C35	13.754386	12.76285	0.804961282	0.673014079	0.806261725
Cronbach's Alpha = 0.865417			Cronbach's Alpha Based on Standardized Items = 0.866584		

4.6 验证性因子分析及相关分析

4.6.1 验证性因子分析

本节使用结构方程模型（Structural Equation Model，SEM）进行验证性

因子分析，对问卷设计的变量进行检验。

1. 结构方程模型

SEM是一种通用的统计建模技术，广泛用于教育学、心理学、市场学、社会学、经营学、经济学和行为科学等领域。SEM是探索和检验社会、自然现象因果关系的统计方法，其目的是研究事物间的因果关系，在已有理论基础上，通过相应的线性方程表示因果理论的一种统计技术。SEM最初由Bock & Bargmann（1969）倡议，Jŏreskog（1970）描述了其建构的可能性，Jŏreskog（1978）通过整合路径分析、多项联立方程及验证性因子分析最终形成。SEM改变了传统的因子分析方式，由验证性因子分析为主逐渐发展成以探索性因子分析为主，致力于找出事物的内在本质结构。SEM与传统的统计方法相比具有以下优点。

（1）引入潜变量使研究更加深入。传统因子分析虽然可以对潜变量建立多元标识，但不能分析潜变量之间的因果关系，SEM可以将多个潜变量纳入统一模型中分析变量之间的结构关系。

（2）多元回归、路径分析等技术只能处理有观察值的变量，而且还要假定观察值不存在误差，而SEM没有对观察值进行严格的假定限制，同时允许自变量和因变量之间存在误差。

（3）SEM能同时考虑多个变量之间的因果关系，不仅可以计算变量的直接效应，而且可以计算间接效应和总效应。

（4）更侧重于依赖数据间的相互关系，避免了主观性。

（5）容许潜在变量有多个外源变量组成，可以同时估计因子结构和因子关系。

（6）应用范围更广，SEM可以包含方差分析、回归分析、路径分析和因子分析等传统的统计方法。

（7）估计整个模型的拟合度。在传统路径分析中，只能估计每一条路径强弱，在结构方程模型中，可以同时估计参数和不同模型对同一样本数据的拟合程度。

结构方程建模包括模型设定、模型识别、模型估计、模型评价和模型修正五个步骤。SEM对样本有一定的要求，一是所需要的样本容量不少于150，如果样本太小可能违反正态分布，从而影响结果的稳定性；二是必须使用具有代表性和无偏性样本以提高结论的可靠性。SEM可分为测量方程（Measurement Equation）和结构方程（Structural Equation）两部分，测量方程描述潜变量和指标之间的关系，结构模型描述潜变量之间的关系。

①测量模型。指标与潜变量之间的关系可以用以下方程表示为

$$x = \Lambda_x \xi + \delta$$

$$y = \Lambda_y \eta + \varepsilon$$

式中，x 为外源指标组成的项量；y 为内生指标组成的项量；Λ_x 为外源指标与外源变量之间的关系，是外源指标在外源变量上的因子负荷矩阵；Λ_y 为内生指标与内生潜变量之间的关系，是内生指标在内生潜变量上的因子负荷矩阵；δ 为外源指标 x 的误差项；ε 为内生指标 y 的误差项。

②结构模型。结构模型将潜变量间的关系写成下列方程模式

$$\eta = B\eta + \Gamma\xi + \zeta$$

式中，η 为内生潜变量；ξ 为外源潜变量；B 为内生潜变量之间的关系；Γ 为外源潜变量对内生潜变量的影响；ζ 为结构方程的残差项，反映 η 在方程中未能解释的部分。

2. 企业绩效测量量表的检验

采用拟合度检验验证企业绩效假设模型和实际数据样本的一致性。利用公共因子得分作为各指标因素的测量值，借助 Lisrel 8.51 软件进行结构方程模型分析，主要以 χ^2（卡方）、df（自由度）、$RMSEA$、$NNFI$、CFI 等指标作为拟合度考核指标，评测指标见表 4.31。

表 4.31 企业绩效调查因素与企业绩效关系拟合度检验

	χ^2	df	p	χ^2/df	NFI	IFI	TLI	CFI	$RMSEA$
假设模型	131.11	59	0.021	2.222	0.903	0.912	0.906	0.911	0.041
				≤3	≥0.9	≥0.9	≥0.09	≥0.9	≤0.05

从表 4.31 分析可知，企业绩效调查因素与企业绩效关系拟合度检验中，$\chi^2/df = 2.222$，$P < 0.05$，$IFI = 0.912$，$TLI = 0.906$，$CFI = 0.911$，$RMSEA = 0.041$，各指标都比较理想，表明企业绩效量表具有较好的拟合度。

运用 AMOS 6.0 软件对结构方程模型进行分析，得到潜在变量之间的路径系数以及指标与潜在变量之间的因子负荷，见表 4.32 和表 4.33。

表 4. 32　　路径系数

路径和因素			标准化估计值	T 值
企业绩效	←	财务绩效	0. 753 **	4. 101
企业绩效	←	非财务绩效	0. 711 **	3. 935

注：** $P<0.01$（双尾），* $P<0.05$（双尾）。

表 4. 33　　因子负荷

路径和因素			标准化估计值	T 值
财务绩效	←	税后总资产回报率（A11）	0. 812[b]	
财务绩效	←	税后销售回报率（A12）	0. 828 **	5. 768
财务绩效	←	投资回报率（A13）	0. 831 **	6. 332
财务绩效	←	净利润率（A14）	0. 825 **	8. 991
非财务绩效	←	整体市场竞争力（A21）	0. 796[b]	
非财务绩效	←	销售增长率（A22）	0. 809 **	7. 433
非财务绩效	←	市场占有率（A23）	0. 783 **	6. 781
非财务绩效	←	市场满意率（A24）	0. 791 **	7. 562

注：** 为 $P<0.001$，* 为 $P<0.05$，因子负荷 b 上标指标参数固定为 1。

由表 4. 32 和 4. 33 可知，显著性均小于 0. 001，拒绝了路径系数为零的零假设，标准化的路径系数均大于 0. 7，证明了企业绩效量表具有很高的内在信度，所以，企业绩效量表具有很高的测量品质。

3. CEO 个性特征测量量表的检验

采用拟合度检验验证 CEO 个性特征假设模型和实际数据样本的一致性。利用公共因子得分作为各风险因素的测量值，借助 Lisrel 8. 51 软件进行结构方程模型分析，主要以 χ^2（卡方）、*df*（自由度）、*RMSEA*、*NNFI*、*CFI* 等指标作为拟合度考核指标，评测指标见表 4. 34。

表 4. 34　　CEO 个性特征调查因素与 CEO 个性特征关系拟合度检验

	χ^2	*df*	*p*	χ^2/df	*NFI*	*IFI*	*TLI*	*CFI*	*RMSEA*
假设模型	176. 33	81	0. 017	2. 177	0. 927	0. 941	0. 932	0. 944	0. 039
				≤3	≥0. 9	≥0. 9	≥0. 09	≥0. 9	≤0. 05

从表 4. 34 分析可知，CEO 个性特征调查因素与 CEO 个性特征关系拟合度检验中，$\chi^2/df = 2.177$，$P < 0.05$，$IFI = 0.941$，$TLI = 0.932$，$CFI = 0.944$，$RMSEA = 0.039$，各指标都比较理想，表明 CEO 个性特征量表具有较好的拟合度。

运用 AMOS 6. 0 软件对结构方程模型进行分析，得到潜在变量之间的因子负荷，见表 4. 35。

表 4. 35　　因子负荷

路径和因素			标准化估计值	T 值
CEO 个性特征	←	民主开放式（B11）	0.796^b	
CEO 个性特征	←	中间式（B12）	0. 813 **	8. 101
CEO 个性特征	←	专权独裁式（B13）	0. 782 **	5. 657

注：** 为 $P<0.001$，* 为 $P<0.05$，因子负荷 b 上标指标参数固定为 1。

由表 4. 35 可知，显著性均小于 0. 001，拒绝了路径系数为零的零假设，标准化的路径系数均大于 0. 7，证明了 CEO 个性特征量表具有很高的内在信度，所以，CEO 个性特征量表具有很高的测量品质。

4. 环境不确定性测量量表的检验

采用拟合度检验验证环境不确定性假设模型和实际数据样本的一致性。利用公共因子得分作为各风险因素的测量值，借助 Lisrel 8. 51 软件进行结构方程模型分析，主要以 χ^2（卡方）、df（自由度）、$RMSEA$、$NNFI$、CFI 等指标作为拟合度考核指标，评测指标见表 4. 36。

表 4. 36　　环境不确定性调查因素与环境不确定性关系拟合度检验

	χ^2	df	p	χ^2/df	NFI	IFI	TLI	CFI	$RMSEA$
假设模型	122. 13	51	0. 038	2. 395	0. 905	0. 921	0. 911	0. 911	0. 046
				≤3	≥0. 9	≥0. 9	≥0. 09	≥0. 9	≤0. 05

从表 4. 36 分析可知，环境不确定性调查因素与环境不确定性关系拟合度检验中，$\chi^2/df = 2.395$，$P < 0.05$，$IFI = 0.921$，$TLI = 0.911$，$CFI = 0.911$，$RMSEA = 0.046$，各指标都比较理想，表明环境不确定性量表具有较

好的拟合度。

运用AMOS 6.0软件对结构方程模型进行分析，得到潜在变量之间的因子负荷，见表4.37。

表4.37　　因子负荷

路径和因素			标准化估计值	T值
环境不确定性	←	经济环境（C11）	0.887^b	
环境不确定性	←	政策环境（C12）	0.839**	7.379
环境不确定性	←	市场环境（C13）	0.773**	5.483
环境不确定性	←	技术环境（C14）	0.779**	6.433

注：** 为 $P<0.001$，* 为 $P<0.05$，因子负荷 b 上标指标参数固定为1。

由表4.37可知，显著性均小于0.001，拒绝了路径系数为零的零假设，标准化的路径系数均大于0.7，证明了环境不确定性量表具有很高的内在信度，所以，环境不确定性量表具有很高的测量品质。

5. 薪酬满意度测量量表的检验

采用拟合度检验验证薪酬满意度量表假设模型和实际数据样本的一致性。利用公共因子得分作为各风险因素的测量值，借助Lisrel 8.51软件进行结构方程模型分析，主要以χ^2（卡方）、*df*（自由度）、*RMSEA*、*NNFI*、*CFI*等指标作为拟合度考核指标，评测指标见表4.38。

表4.38　　薪酬满意度调查因素与薪酬满意度关系拟合度检验

	χ^2	*df*	*p*	χ^2/df	*NFI*	*IFI*	*TLI*	*CFI*	*RMSEA*
假设模型	135.05	58	0.028	2.328	0.919	0.926	0.921	0.931	0.041
				≤3	≥0.9	≥0.9	≥0.09	≥0.9	≤0.05

从表4.38分析可知，薪酬满意度调查因素与薪酬满意度关系拟合度检验中，$\chi^2/df=2.328$，$P<0.05$，$IFI=0.926$，$TLI=0.921$，$CFI=0.931$，$RMSEA=0.041$，各指标都比较理想，表明薪酬满意度量表具有较好的拟合度。

运用AMOS 6.0软件对结构方程模型进行分析，得到潜在变量之间的因子负荷，见表4.39。

表4.39 因子负荷

路径和因素			标准化估计值	T值
薪酬满意度	←	薪资总额满意度（C21）	0.891[b]	
薪酬满意度	←	与同行比薪资总额满意度（C22）	0.801**	8.562
薪酬满意度	←	付出得到公平满意度（C23）	0.875**	8.792
薪酬满意度	←	内部付出得到相比满意度（C24）	0.832**	8.318
薪酬满意度	←	薪酬总体水平满意度（C25）	0.801**	8.213

注：** 为 $P<0.001$，* 为 $P<0.05$，因子负荷 b 上标指标参数固定为1。

由表4.39可知，显著性均小于0.001，拒绝了路径系数为零的零假设，标准化的路径系数均大于0.7，证明了薪酬满意度量表具有很高的内在信度，所以，薪酬满意度量表具有很高的测量品质。

4.6.2 相关分析

分析之前先对年龄和年龄平方进行自然对数处理，然后进行变量间相关分析，相关分析结果见表4.40。

表4.40显示，自变量之间相关系数比较大的是平均年龄与平均年龄平方项、团队规模与团队规模平方项、任期异质性与任期异质性平方项、职业背景异质性与职业背景异质性平方项。自变量与因变量之间相关性如下：在0.01水平下与企业绩效呈显著相关水平的变量包括平均团队规模、平均团队规模平方项。在0.05水平下与企业绩效呈显著相关水平的变量包括TMT平均年龄、TMT平均年龄平方项、TMT平均团队任期、TMT职业背景、任期异质性、教育水平异质性、教育专业背景异质性、职业背景异质性、职业背景异质性平方项，在0.1水平下与企业绩效呈显著相关水平的变量包括TMT平均教育水平、TMT经济管理学背景。高管团队年龄异质性与企业绩效的相关性不显著。

表4.40 **变量的相关系数**

变量	*Perf*	Ln*Age*	(Ln*Age*)^2	*Aten*	*Aedu*	*Aemb*	*Afb*	*Tsize*	(*Tsize*)^2	*Hage*	*Hten*	(*Hten*)^2	*Hedu*	*Hmaj*	*Hfb*
Perf	1														
Ln*Age*	−0.37**	1													
(Ln*Age*)^2	−0.38**	0.99***	1												
Aten	0.38**	−0.14	−0.15	1											
Aedu	0.29*	−0.28	−0.29	−0.33	1										
Aemb	0.30*	−0.01	−0.01	0.37**	−0.11	1									
Afb	0.35**	−0.08	−0.08	0.65***	−0.28*	0.25	1								
Tsize	−0.50***	0.53***	0.55***	−0.44***	−0.06	−0.32*	−0.36**	1							
(*Tsize*)^2	−0.51***	0.23	0.25	−0.45***	−0.07	−0.33*	−0.37**	0.99***	1						
Hage	−0.19	0.05	0.05	0.18	0.31	0.21	0.05	0.16	0.18	1					
Hten	0.46**	0.12	0.13	0.21	0.15	0.18	0.07	0.18	0.19	−0.04	1				
(*Hten*)^2	0.47**	0.13	0.15	0.23	0.17	0.19	0.08	0.21	0.23	−0.04	0.99***	1			
Hedu	−0.35**	0.05	0.05	0.39	0.05	0.15	0.12	0.05	0.05	−0.27	−0.31*	−0.31*	1		
Hmaj	0.38**	0.09	0.11	0.03	0.07	0.09	0.09	0.08	0.08	0.07	−0.33*	−0.33*	0.11***	1	
Hfb	0.42**	0.28	0.31	0.19	0.06	0.13	0.11	0.21	0.23	−0.13	0.54***	0.54***	−0.21*	0.34	1
(*Hfb*)^2	0.43**	0.29	0.32	0.21	0.07	0.14	0.12	0.23	0.26	−0.15	0.55***	0.55***	−0.22*	0.34	0.99***

注：*** 为 $P<0.01$，** 为 $P<0.05$，* 为 $P<0.1$。

4.7 本章小结

本章首先构建了检验模型，然后介绍了本书研究的数据来源、样本选组标准、变量的定义及测量、样本特征分析，并对样本数据的效度和信度进行了检验，在此基础上对样本数据进行了验证性因子分析，并得出了企业绩效、环境不确定性、CEO 个性特征、薪酬满意度的综合评价模型。最后，本章对有关变量进行了相关性分析。

第5章

民营企业 TMT 特征对企业绩效影响的模型检验

相关分析只用来描述变量之间的相互关系，回归分析则是根据一些变量的特征来预测另一些变量的状态，用回归方程表示带有因果关系的含义。在管理心理学的许多研究领域，研究者们运用多元回归分析寻求因果关系效应，用途很广。本章主要是在第4章对样本数据初步分析的基础上，采用回归分析方法对本章的假设模型进行实证检验，得出研究结果。

5.1 民营企业 TMT 平均特征对企业绩效的影响模型检验

民营企业 TMT 平均特征对企业绩效的影响与是本书的基本假设之一，也是本书的重要研究内容。在进行下一步的调节效应的检验和分析之前，有必要对民营企业 TMT 平均特征与企业绩效间的关系进行直接的验证，以发现民营企业 TMT 特征对企业绩效的直接影响程度。同时，该验证也是进行调节效应检验的前提。因为，自变量与因变量之间关系的显著性检验，是进行调节效应检验的首要步骤（温忠麟等，2005）。如果自变量和因变量之间的关系未呈现显著性相关的话，调节效应也就不需检验。

民营企业 TMT 平均特征对企业绩效影响的理论假设见表5.1。

表 5.1　　民营企业 TMT 特征平均水平对企业的影响假设

序号	假设内容	简约表示
H1 - 1	民营企业 TMT 平均年龄对企业绩效呈倒“U”形关系	Aage →Per
H1 - 2	TMT 的平均任期与企业绩效正相关	Aten →Per
H1 - 3	民营企业 TMT 接受的平均教育水平与企业绩效呈正向关系	Aedu →Per
H1 - 4	民营企业 TMT 的经济管理学专业背景有利于提高企业绩效	Aemb →Per
H1 - 5	民营企业 TMT 人均职能背景与企业绩效呈正向关系	Afb →Per
H1 - 6	民营企业 TMT 规模与企业绩效存在倒“U”形关系	Tsize →Per

由第 4 章多重共线性分析可知，TMT 特征平均水平自变量之间并不存在严重的共线性，因此，我们可以直接进行多元回归分析。但由于本书的 H1 - 1 和 H1 - 5 的假设为 TMT 的平均年龄和 TMT 规模对企业绩效的影响呈现倒“U”形关系，为避免人为增加平方项变量对检验模型带来失真影响，在做多元回归分析前有必要对 TMT 年龄和 TMT 规模与企业绩效间倒“U”形关系的存在性进行初步分析。

5.1.1 TMT 平均年龄及其平方项对企业绩效的影响分析

为避免平均年龄的相对数值过大，本书用平均年龄的自然对数 Ln*Aage* 来表示，通过建立以下方程模型对 TMT 平均年龄及其平方项对企业绩效的影响进行分析。

$$Per = \beta_0' + \beta_1' \mathrm{Ln}Aage + \beta_2' (\mathrm{Ln}Aage)^2 + \varepsilon' \tag{5.1}$$

在模型5.1 中，①若 $\beta_2' > 0$，$\beta_1' < 0$，则呈“U”形曲线；②若 $\beta_2' < 0$，$\beta_1' > 0$，则呈倒“U”形曲线；③若 $\beta_2' = 0$，$\beta_1' > 0$，则呈正向线性；④若 $\beta_2' = 0$，$\beta_1' < 0$，则呈负向线性。

为了对比民营企业 TMT 平均年龄与企业绩效的曲线关系和线性关系的拟合度的优劣，在做回归分析时，采用了分布进入法：第一步，把 TMT 平均年龄作为第一个变量带入方程；第二步，再把 TMT 平均年龄的平方项带入方程。回归结果见表 5. 2。

表 5.2　　民营企业 TMT 平均年龄对企业影响的模型回归结果

项目	第一步回归	第二步回归
(Constant)	-47.318	-68.913
LnAge	13.576*	38.874*
$(LnAage)^2$		-5.215**
R Square	0.112	0.155
$A. R$ Square	0.076	0.102
F Change	2.357	2.929

注：*** $p<0.01$，** $p<0.05$，* $p<0.1$，双尾检验。

由表 5.2 可以发现把 TMT 平均年龄的自然对数平方项加入方程后，拟合度有所提高，说明拟合效果优于只有变量 TMT 平均年龄的自然对数的模型。模型 5.1 的回归模型的 F 值为 2.929，概率 P 值远小于 0.1，回归方程中平均年龄自然对数的平方的回归系数为 -5.215，相应 t 值为 2.381，达到 5% 的显著性水平，且平均年龄自然对数的回归系数为 38.874，相应 t 值为 2.391，达到 10% 的显著性水平。所以，经初步分析民营企业 TMT 平均年龄特征与企业当前绩效之间的关系呈倒“U”形是存在的。

5.1.2　TMT 团队规模及其平方项对企业绩效的影响分析

本书用 *Tsize* 来表示民营企业 TMT 团队规模，通过建立以下方程模型对 TMT 团队规模及其平方项对企业绩效的影响进行分析。

$$Per=\beta_0'+\beta_1' Tsize+\beta_2'(Tsize)^2+\varepsilon \tag{5.2}$$

在模型 5.2 中，（1）若 $\beta_2'>0$，$\beta_1'<0$，则呈“U”形曲线；（2）若 $\beta_2'<0$，$\beta_1'>0$，则呈倒“U”形曲线；（3）若 $\beta_2'=0$，$\beta_1'>0$，则呈正向线性；（4）若 $\beta_2'=0$，$\beta_1'<0$，则呈负向线性。

为了对比民营企业 TMT 平均年龄与企业绩效的曲线关系和线性关系的拟合度的优劣，在做回归分析时，采用了分布进入法：第一步，把 TMT 平均年龄作为第一个变量代入方程；第二步，再把 TMT 平均年龄的平方项带入方程。回归结果见表 5.3。

表 5.3 民营企业 TMT 规模对企业绩效影响的模型回归结果

项目	第一步回归	第二步回归
(Constant)	0.235	1.138
Tsize	0.702	0.685 ***
$(Tsize)^2$		-0.048 **
R Square	0.187	0.247
A. R Square	0.076	0.199
F Change	2.357	5.236

注：*** $p<0.01$，** $p<0.05$，* $p<0.1$，双尾检验。

由表 5.3 可以发现把 TMT 规模的平方项加入方程后，拟合度有所提高，且一次项和二次项的回归系数达到显著水平，说明拟合效果优于只有变量 TMT 规模的模型。模型 5.2 的回归结果的 F 值为 5.236，概率 P 值远小于 0.05，回归方程中团队规模的平方的回归系数为 -0.048，相应 t 值为 -2.739，达到 5% 的显著性水平，且团队规模的回归系数为 0.685，相应 t 值为 2.985，达到 1% 的显著性水平。所以，民营企业 TMT 团队规模与企业当前绩效之间的倒"U"形关系是存在的。

5.1.3 TMT 平均特征水平综合因素对企业绩效影响的模型检验与分析

5.1.1 和 5.1.2 节初步验证了民营企业 TMT 平均年龄和团队规模对企业绩效的影响的倒"U"形关系是存在的，并且采用这种倒"U"形关系建立的模型的拟合度优于线性模型。说明本书在第四章建立的模型 4.1 是合适的。因为高管团队特征对企业绩效的影响是高管团队的各个特征指标综合作用的结果，因此对模型 4.1 的回归检验我们采取了对各变量强迫进入法。

模型 4.1 的回归拟合结果见表 5.4 ~ 表 5.6。

表 5.4 TMT 特征平均水平对企业绩效影响模型回归方程统计量

R	*R* Square	Adjusted R Square	Std. Error of the Estimate	Durbin - Watson
0.668	0.447	0.328	0.352	1.872

表5.5 TMT特征平均水平对企业绩效影响模型回归方程方差分析表

项目	Sum of Squares	Mean Square	F	Sig.
Regression	2.7989	0.4665	3.7658	0.007
Residual	3.4685	0.1239		
Total	6.2674			

表5.6 TMT特征平均水平对企业绩效影响模型回归方程参数检验表

Model	Unstandardized Coefficients		Std. Error	t	Sig.	95.0% Confi. Interval for B		Collinearity Statistics	
	B	Std. Coeff.	Beta			Lower Bound	Upper Bound	Tolerance	VIF
Constant	1.192	0.854		1.396	0.174	-0.557	2.941		
$(\text{LnAage})^2$	-1.224	0.288	-0.095	-4.25	0.042	-5.912	3.463	0.631	1.584
LnAage	9.181	0.423	9.587	11.23	0.038	4.381	13.76	0.561	1.973
Aten	0.039	0.032	0.216	1.219	0.041	-0.037	0.114	0.465	2.149
Aedu	0.455	0.186	0.393	2.451	0.021	0.075	0.835	0.769	1.301
Aemb	0.161	0.504	0.143	0.319	0.368	-0.572	1.494	0.812	1.231
Afb	0.226	0.109	0.204	2.073	0.002	-0.202	0.654	0.555	1.801
$(\text{Tsize})^2$	-0.040	0.211	-0.210	-1.896	0.034	-0.059	0.018	0.530	1.887
Tsize	5.68	0.389	7.23	2.067	0.029	4.31	7.93	0.871	1.925

由表5.4可知，该模型的回归方程的 R^2 值为0.447，远大于平均年龄和团队规模单独模型的 R^2 值，说明该模型对因变量总变异的解释力度大于上述两个变量的单独解释力度。D-W检验系数为1.872，表明该回归方程未违反无自我相关的基本假设。由表5.5可知，整体回归方程的 F 值为3.7658，P 值已达5%的显著水平，表示自变量与因变量间有显著相关存在。由表5.6可知，各参数的VIF值都小于4，说明变量间无显著的多重共线性。因此，本模型符合回归分析的基本条件，且变量间共线性并不明显，模型经过了 F 值检验。接下来，我们具体分析各自变量与因变量的关系。

假设 H1 -1 指出民营企业 TMT 平均年龄对企业绩效的影响呈倒“U”形关系。这是因为 TMT 平均年龄过低做事易冲动，由于阅历和经验过少，容易产生对风险认识不足，致使决策失误概率增大；从团队运作过程角度来考虑，年龄过低，易导致沟通中的分歧，增加了团队整合的难度；而年龄过大，又会存在体力下降、反应速度变慢和改变既成方式的愿望下降等消极因素，导致创新意识不足，无法对竞争激烈的动态环境做出快速的反应。从团队运作角度来考虑，如果年龄过大，容易产生居功自傲心理，轻视年轻的成员，造成沟通的数量和质量都受到影响，易引发关系冲突，同时由于新知识的掌握不足甚至是对新知识的抵触，容易降低团队内信息的共享和信息交换的数量，此外，过大的年龄，容易造成其对事业的追求和成功的渴望都相对下降，物质需求动力降低，会导致团队领导和激励的有效性下降。由模型 4.1 的回归结果来看，这一假设得到样本的验证。由表 5.6 可以发现，$(\text{LnAage})^2$ 的回归系数为 -1.224，并且高度显著，LnAage 的系数为 9.181，并且也达到了 5% 的显著水平，因此 TMT 平均年龄对企业绩效的影响呈倒“U”形关系成立，假说 H1 -1 得到验证，即民营企业 TMT 平均年龄特征对企业绩效的影响呈倒“U”形关系，若在方程 4.1 两边对 LnAage 求偏导，可得出当 LnAge = 3.75，Age = 42.56 时，企业绩效取得最大值，这和国内贺远琼等人得出高管团队平均年龄在 41 ~43 岁最优的研究结论基本相符。

由表 5.6 发现团队平均任期 Aten 的回归系数为 0.039，虽然平均任期回归系数较低，但本书仅是分析的特征对企业绩效的影响，该回归系数在 0.05 的平均上高度显著，说明民营企业 TMT 平均任期对企业绩效的影响成正向关系，假设 H1 -2 成立。学历对绩效的影响历来争议较多，但在本书的研究中，通过样本模型回归结果来看，TMT 平均受教育程度变量 Aedu 的回归系数为 0.455，该回归系数的 t 值为 2.451，且远超过 0.05 的高度显著水平，说明民营企业 TMT 平均受教育水平对企业绩效正向影响的假设成立，即假设 H1 -3 成立。相较于以往不区分企业性质对受教育水平与企业绩效的关系研究，本书认为，在民营企业中由于高管无国有企业高管的政治“企图”和以学历作为晋升的依据压力，因此，民营企业高管学历多是第一学历，而国有企业的高层为了提高学历层次，往往通过函授等形式取得学历，由于企业的事情过多，这类高管根本抽不出时间进行系统的学习，造成学历水分的形成，使学历与其真正掌握知识不成正比，这种带有水分的学历和无水分的学历混在一起研究，研究结论出现偏差也就难以避免。

模型4.1的回归结果中，TMT的经济管理学背景Aemb的回归系数虽为正数（0.161），但其P值达0.368，远未达0.05的显著水平。说明民营企业TMT的经济管理学的专业背景对企业绩效的影响并不显著，假设H1-4未经过研究证实。出现这种结果的原因可能是在民营企业中，往往更注重生产技术层面的知识，忽视软科学的作用，民营企业的泛家族式管理特征，使其形成一种固有的管理模式，另外，在目前的民营企业融资方式中，大多还是CEO靠关系来融资，公司财务高管只是来处理善后问题，导致所学的经济管理知识无法发挥作用。此外，由于TMT成员大多已有多年的管理经验，对于管理大多依靠自己的经验认识，但民营企业的泛家族成员由于整体素质相对来说偏低，这种经验认知可能会和管理科学不太一致，导致无经济管理专业背景的高管和有经济管理专业背景的高管产生认知冲突，泛家族管理特征最后会以家族成员的胜利而告终，所以减弱了经济管理知识背景在民营企业中的作用。

假设H1-5提出民营企业TMT的人均职能部门数目对企业绩效有正向影响，通过表5.4的模型回归结果来看，回归系数为0.226，t值为2.073，且在0.05水平上高度显著，假设H1-5成立。说明民营企业TMT成员多样化的职业经历形成的职业经验，有利于提高其战略决策水平，促进团队的自学习过程。

民营企业团队规模$(Tsize)^2$的回归系数仍为负数，且在0.05的水平上高度显著，而Tsize的系数显著为正，说明民营企业高管团队规模对企业绩效的影响呈倒“U”形成立，即假设H1-6成立。说明过低或过高的团队规模都不利于企业绩效的提高，从对样本的统计回归分析来看，7人左右是高管团队规模最理想的人数。

5.2 TMT异质性水平对企业绩效影响的模型检验

民营企业TMT异质性特征对企业绩效的影响也是本书的基本假设之一，是本书的重要研究内容。为清晰地表示民营企业TMT平均特征对企业绩效的影响，理论假设及直观地变量表达汇总情况见表5.7。

表 5.7　　民营企业 TMT 特征平均水平对企业绩效的影响假设

假设序号	假设内容	简约表示
H2 - 1	民营企业 TMT 年龄异质性对企业绩效呈正相关关系	Hage →Per
H2 - 2	TMT 的任期异质性与企业绩效呈倒“U”形关系	Hten →Per
H2 - 3	民营企业 TMT 的接受教育水平异质性与企业绩效呈负向关系	Hedu →Per
H2 - 4	民营企业 TMT 的专业背景异质性与企业绩效正相关	Hemb →Per
H2 - 5	民营企业 TMT 职能背景异质性与企业绩效呈倒“U”形关系	Hfb →Per

由上节多重共线性分析可知，TMT 特征变量异质性水平之间并不存在严重的共线性，因此，我们可以直接进行多元回归分析。但由于本书的 H2 - 2 和 H2 - 5 的假设为 TMT 的任期异质性和职能背景异质性对企业绩效的影响呈现倒“U”形关系，为避免一次项和二次项之间共线性影响模型回归结果，在做多元回归分析前，先要对这两个变量进行分析。

5.2.1　TMT 任期异质性及其平方项对企业绩效的影响分析

本书通过建立以下方程模型对 TMT 任期异质性及其平方项对企业绩效的影响进行分析。

$$Per = \beta_0' + \beta_1' Hten + \beta_2' (Hten)^2 + \varepsilon \qquad (5.3)$$

在模型 5.3 中，①若 $\beta_2' > 0$，$\beta_1' < 0$，则呈“U”形曲线；②若 $\beta_2' < 0$，$\beta_1' > 0$，则呈倒“U”形曲线；③若 $\beta_2' = 0$，$\beta_1' > 0$，则呈正向线性；④若 $\beta_2' = 0$，$\beta_1' < 0$，则呈负向线性。

为了对比民营企业 TMT 任期异质性与企业绩效的曲线关系和线性关系的拟合度的优劣，在做回归分析时，采用了分布进入法：第一步，把 TMT 任期异质性作为第一个变量带入方程；第二步，再把 TMT 任期异质性的平方项代入方程。回归结果见表 5.8。

表 5.8　　民营企业 TMT 任期异质性对企业绩效影响的模型回归结果

项目	第一步回归	第二步回归
(Constant)	2.323	2.815**
Hten	4.576	3.253*

续表

项目	第一步回归	第二步回归
$(\text{Hten})^2$		-6.567**
R Square	0.075	0.088
A. R Square	0.068	0.072
F Change	2.011	2.019

注：* $p<0.1$，** $p<0.05$，双尾检验。

由表5.8可以发现无论是第一步还是第二步回归该模型的和 R^2 都较小，分别为0.075和0.088，但这并不影响我们对变量之间的相互关系的初步分析。因为 R^2 的大小只是表明自变量对因变量差异的解释度较低。第二步的回归模型的 F 值为2.019，概率 P 值小于0.05，说明模型5.3通过了检验。由表5.8可以发现回归方程中任期异质性的平方回归系数为-6.567，相应 t 值为-2.059，达到5%的显著性水平，且任期的回归系数为3.253，相应 t 值为2.058，也达到了5%的显著性水平。而在第一步回归中，Hten的回归系数虽为正数，但并不显著。对比表5.8的第一步和第二步回归结果，可发现第二步的拟合度要优于第一步，说明曲线模型要优于线性模型。所以，民营企业TMT平均年龄特征与企业当前绩效之间的关系呈倒"U"形可以得到初步验证。

5.2.2 TMT职业背景异质性及其平方项对企业绩效影响分析

本书通过建立以下方程模型对TMT职能背景异质性及其平方项对企业绩效的影响进行分析。

$$Per = \beta_0' + \beta_1' Hfb + \beta_2' (Hfb)^2 + \varepsilon \tag{5.4}$$

回归方法和倒"U"形的判断方法可参考上面平方项的分析。模型5.4的回归结果见表5.9。

表5.9　民营企业TMT职业背景异质性对企业绩效影响的模型回归结果

项目	第一步回归	第二步回归
(Constant)	2.323	2.215
Hfb	2.034*	1.346**

续表

项目	第一步回归	第二步回归
Hfb^2		-3.796**
R Square	0.089	0.127
A. R Square	0.073	0.105
F Change	3.035	4.029

注：*** $p<0.01$，** $p<0.05$，* $p<0.1$，双尾检验。

由表5.9可以发现可发现第二步的拟合度要优于第一步，第二步的回归模型的 F 值为4.029，概率 P 值小于0.05，说明模型5.4通过了检验。由表5.9可以发现回归方程中职能背景异质性的平方回归系数为-3.796，相应 t 值为-2.996，达到5%的显著性水平，且职能背景异质性程度一次项的回归系数为3.796，相应 t 值为2.058，也达到了5%的显著性水平，所以，民营企业TMT职能背景异质性与企业绩效之间的关系呈倒"U"形得到初步验证。虽然，该模型的和 R^2（0.105）较小，但这并不影响变量之间的相互关系，因为 R^2 的大小只是表明自变量对因变量差异的解释度较低。

5.2.3 TMT特征异质性对企业绩效影响的模型检验

5.2.1和5.2.2节初步验证了民营企业TMT职能背景和任期异质性对企业绩效的影响的倒"U"形关系，说明本书把职能背景和任期异质性放入模型4.2是合适的。在分析模型4.2中各自变量对因变量的影响时，对模型4.2的回归检验我们仍采取对各变量强迫进入法。

模型4.2的回归拟合结果见表5.10和表5.11。

表5.10 TMT特征异质性对企业绩效影响模型的回归方程统计量

R	*R* Square	Adjusted R Square	*F*	Sig.	Durbin - Watson
0.728	0.529	0.475	12.56	0.010	1.524

表 5.11　TMT 特征异质性水平对企业绩效影响模型回归方程参数检验表

Model	Unstandardized Coefficients		Std. Coeff.	*t*	Sig.	Collinearity Statistics	
	B	Std. Error	Beta			Tolerance	VIF
Constant	1.168	0.834		1.400	0.265		
Hage	-1.025	0.972	-0.095	-1.055	0.467	0.529	1.890
Hten	0.127	0.098	0.131	1.985	0.048	0.676	1.982
$(Hten)^2$	-0.257	0.086	-0.216	-2.988	0.031	0.476	2.101
Hedu	-0.138	0.067	-0.393	2.060	0.049	0.872	1.147
Hmaj	0.147	0.041	0.143	3.585	0.368	0.485	2.062
Hfb	0.135	0.117	0.142	2.078	0.019	0.563	1.978
$(Hfb)^2$	-0.231	0.209	-0.204	-1.105	0.039	0.251	3.984

由表5.10可知，该模型的回归方程的 R^2 值达到0.529，一般认为 $R^2 > 0.5$ 符合用来做回归分析的最低要求，*F* 值在0.05的水平上显著，D－W 检验系数为1.524，表明该回归方程未违反无自我相关的基本假设。由表5－11可知，各参数的 VIF 值都小于4，说明变量间无显著的多重共线性。因此，本模型符合回归分析的基本条件，且变量间共线性并不明显，模型经过了 *F* 值检验，证明该模型是有效的。以上数据也说明，该模型具有较好的拟合度，对因变量总变异的整体解释力度较大，且较显著。接下来，我们具体分析各自变量与因变量的关系。

假设 H2－1 指出民营企业 TMT 年龄异质性对企业绩效呈正相关关系。但由表5.11可知，Hage 的参数值为－1.025，*P* 值为0.467，说明样本的统计分析结果并不支持 H1－2 的假设。我们原来的假设是建立在资源论和冲突理论之上的，认为 TMT 团队年龄异质性有利于使团队成员间有更多的信息和知识进行共享，能够实现优势互补，从而提高 TMT 的决策质量，进而对企业绩效产生直接的影响；从团队运作角度来考虑，年龄的异质性产生的关系冲突，在一定程度上有利于团队领导进行有效的整合。但民营企业 TMT 年龄异质性的优势并没有发挥出来，这是因为从样本统计分析来看，高管团队平均年龄异质性程度并不大，这在一定程度上弱化了异质性的作用；另外，年龄差异性带来的思维方式、生活习惯、认知水平方面的差异，会使成员之间相互难以理解，导致团队内部沟通不畅，影响了信息的交流和共享，使年龄的异质性无法发挥应有的作用。

由表5.11可知，团队任期异质性的平方项（Hten）^{2} 的参数值是 -0.257，且在0.05的水平上显著，而一次项Hten的系数显著为正，说明该变量对企业绩效的影响应呈倒“U”形关系，这与假设H2-2一致。在模型4.2的两边求团队任期异质性的偏导数，可得Hten=0.127时，企业绩效取得最大值，也就是说0.127的差异系数是此曲线的拐点

变量Hedu、Hmaj都属于个人教育层面的变量。由表5.11可知，Hedu的回归系数为-0.138，且在0.05的水平上显著，说明民营企业TMT教育背景的异质性对企业绩效呈现显著的负向影响，即高管团队教育背景的异质性越高企业绩效也就越差，假设H2-3成立。而TMT专业背景的异质性对企业绩效的正向影响并不显著（*P*值为0.368），假设H2-4未获得显著支持，这是因为在民营企业中专业背景上的差异会带来较高的团队冲突，导致在决策时噪音过多，专业背景上的差异，导致认知的差异，决策时无法从专业角度判断可选方案的优劣性，导致决策质量下降。

职业背景异质性变量的两次项的回归系数为-0.231，一次项系数为0.135，且都在0.05的水平上显著，说明民营企业TMT职业背景的异质性程度与企业绩效呈现负向二次曲线关系，即倒“U”形关系，假设H2-5成立。

5.3 民营企业TMT平均水平特征和异质性特征对企业绩效的综合作用模型检验

通过前面关于民营企业TMT平均特征水平和异质性特征对企业绩效的直接影响分析可知，TMT特征平均水平和异质性特征都对企业绩效产生了显著的影响。但由于TMT的特征平均水平和特征的异质性是同时存在的，企业绩效是TMT各种特征共同作用的结果，因此，只有把各种特征融合在一起进行研究，才能更清晰、全面、综合地进行分析。

模型4.3是用来检验说明，在TMT平均特征水平和异质性特征水平共同作用下，每个自变量是否还会对企业绩效起显著地影响，它们分别与在模型4.1及4.2中所起的作用有何不同。模型4.3的回归结果见表5.12和表5.13。

表5.12　　TMT特征对企业绩效综合作用模型的回归方程统计量

R	R Square	Adjusted R Square	F	Sig.	Durbin - Watson
0.876	0.767	0.568	14.35	0.005	1.487

表5.13　　TMT特征对企业绩效综合作用模型回归方程参数检验表

Model	Unstandardized Coefficients		Std. Coeff.	t	Sig.	Collinearity Statistics	
	B	Std. Error	Beta			Tolerance	VIF
Constant	1.743	0.854		2.041	0.174		
LnAage	7.272	0.997	6.948	12.175	0.029	0.853	1.978
$(\text{LnAage})^2$	-0.967	0.265	-0.095	-3.649	0.038	0.532	1.880
Aten	0.034	0.019	0.167	1.789	0.044	0.437	2.288
Aedu	0.309	0.174	0.405	1.776	0.023	0.689	1.451
Aemb	0.092	0.081	0.102	1.136	0.452	0.625	1.600
Afb	0.089	0.087	0.137	1.023	0.063	0.521	1.919
Tsize	1.011	0.976	1.125	3.78	0.035	0.674	1.892
$(\text{Tsize})^2$	-0.071	0.034	-0.142	-2.088	0.029	0.532	1.880
Hage	-0.986	0.975	0.867	-1.011	0.237	0.732	1.366
Hten	0.114	0.348	0.198	1.989	0.045	0.759	1.893
$(\text{Hten})^2$	-0.207	0.091	-0.158	-2.275	0.038	0.387	2.584
Hedu	-0.087	0.053	-0.124	-1.642	0.104	0.813	1.230
Hmaj	0.105	0.079	0.138	0.761	0.154	0.654	1.529
Hfb	0.117	0.679	0.136	1.987	0.049	0.576	1.659
$(\text{Hfb})^2$	-0.194	0.087	-0.147	-2.230	0.041	0.207	4.831

由表5.12可知，模型4.3回归方程的R^2值为0.767，F值为14.35，P值为0.005，从表5.13的膨胀系数来看，该模型的自变量通过了共线性检验。因此，我们说该模型是个有效的模型，并且它的拟合度也较好。从表5.13中各变量的回归系数的符号来看，各变量的符号都没改变，说明前面的检验结果在综合模型中仍然成立。并且在特征平均水平和特征异质性水平对企业绩效的共同作用下，自变量对因变量差异的整体解释力度大大增加

(76.7%)，但部分自变量的回归系数不太显著，如教育水平的异质性(Hedu）特征的P值为0.104，说明在综合作用中，教育水平的异质性对企业绩效的负向影响虽得到证实但并不高度显著，也即假设H2-3未得到显著支持。人均职能背景变量的回归系数为正，虽未能满足0.05的水平下显著，但对于本书来说主要是研究变量对因变量是否存在影响，因此P值0.063仍可以接受。由于LnAage、Tsize、Hten、Hfb的一次项和二次项、Aten、Aedu、Afb无论是在各自的直接影响模型还是在综合作用模型中，回归系数的符号的正负性并未发生变化，且都显著，因此假设H1-1、H1-2、H1-3、H2-3、H1-5、H2-2、H2-4在P值为0.10的水平上显著成立，其他假设均未得到显著支持。

模型4.1~模型4.3的回归结果汇总见表5.14。

表5.14　　TMT特征对企业绩效影响模型汇总表

变量	模型4.1	模型4.2	模型4.3
(Constant)	1.192	1.168	1.743
LnAage	9.181**		7.272**
$(LnAage)^2$	-1.224**		-0.967**
Aten	0.039**		0.034**
Aedu	0.455**		0.309**
Aemb	0.161		0.092
Afb	0.226***		0.089*
Tsize	5.68**		1.011**
$(Tsize)^2$	-0.04**		-0.071**
Hage		-1.025	-0.986
Hten		0.127**	0.114**
$(Hten)^2$		-0.257**	-0.207**
Hedu		-0.138**	-0.087
Hmaj		0.147	0.105
Hfb		0.135***	0.117**
$(Hfb)^2$		-0.231**	-0.194**
R^2	0.447	0.529	0.767

续表

变量	模型 4.1	模型 4.2	模型 4.3
F 值	3.7658	12.56	14.35
Sig.	0.007	0.010	0.005

注：*，**，*** 分别表示 Sig. 小于 0.10、0.05、0.01。

由表 5.14 可知，三个模型中特征变量对企业绩效的解释力度不同，特征的综合作用模型对企业绩效的解释力度最大，其次是异质性特征、最后是平均特征。异质性和特征平均水平是相伴相生的，它们共同作用对企业绩效产生着重要影响，在我国民营企业中，由于人力资本整体素质偏低，因此 TMT 的作用对企业发展和绩效的提高起着非常重要的作用。由于我国民营企业相对于国有企业来说存在资源匮乏或资源难以获取等特征，因此，团队异质性整体特征对企业绩效的影响比平均特征程度稍大。

5.4　调节效应的检验

根据前面我们的理论假设，民营企业高管特征与企业绩效的关系往往受到 CEO 特征和组织环境的影响。本节将利用模型 5.4 来检验调节变量对企业绩效的调节作用假设。

5.4.1　CEO 特征的调节作用检验分析

因为本书主要是来检验我国民营企业 TMT 特征对企业绩效的影响，而 CEO 的个人特征可能一方面直接通过影响企业的战略决策和实施等来影响企业绩效，另一方面也可能通过高管团队的运作过程来影响企业绩效，本书研究的主要目的是为构建民营企业高管团队服务，TMT 整体特征对企业绩效的影响以及影响它们之间关系强度大小的因素是本书研究的重点，而调节变量与单个自变量的交互效应并不是本书研究的主要内容，因此，本书把调节变量对 TMT 整体特征与企业绩效的关系的影响强度作为检验的重点。在进行检验时，把各调节变量分别带入模型 4.4，通过和模型 4.3 的回归结果作对比，来检验和分析调节变量的调节作用。

1. CEO 人口特征的调节作用检验和分析

由于 CEO 在民营企业处于非常特殊的地位，是企业权力的中心，因此，CEO 对于企业绩效的好坏负有很大责任。CEO 的人口特征不仅影响到其认知水平、思维习惯及学习能力同时也严重影响了其对团队的整合管理能力及团队运作过程。因此，本书研究的假设认为 CEO 的年龄、任期、学历、政治背景等特征会影响 TMT 特征与企业绩效的关系强度。

由于 CEO 的个人特征往往决定了其知识水平、经验、认知能力及风险倾向，但这些特征描述量大小与所表现出来的经验、能力或倾向程度并不成正比，一般都表现出阶段性。因此，本书把 CEO 年龄差异程度、任期、学历与政治背景一样作为类别变量进行分组检验。

（1）年龄差异和任期的调节作用检验。年龄和任期都是与知识经验积累及风险倾向有关的变量，为了按各变量的指标数据对样本进行合理的分类，我们分别采用了 K – Means 聚类分析方法，把年龄差异和任期分为三类，聚类分析结果见表 5. 15 和表 5. 16。

表 5. 15　　年龄差异系数聚类分析结果

类别	大	中	小	valid	missing
范围	>0. 4	0. 2 ~ 0. 4	0 ~ 0. 2		
数目（家）	56	87	33	176	0
类中心点	0. 43	0. 31	0. 17		
F 值	3. 196				
Sig.	0. 002				

表 5. 16　　CEO 任期聚类分析结果

类别	短	中	长	valid	missing
范围	<8 年	8 ~ 15 年	>15 年		
数目（家）	59	67	50	176	0
类中心点	6	11	18		
F 值	23. 027				
Sig.	0. 013				

根据表5.15和5.16的聚类分析结果，用Model1和Model2来分别CEO检验年龄差异变量的调节作用。回归结果见表5.17。由表5.17可以看出，在CEO年龄差异系数最大的那一组，R^2为0.436，是三组中最小的值，部分变量未通过10%的显著性水平检验；处于中间的那组样本，部分自变量在10%水平上并未通过显著性检验，且R^2在三组中也介于中间；而年龄差异系数最小的那组样本，各自变量回归系数显著，且R^2为0.608明显高于另两组。这个检验结果表明，CEO年龄差异调节了TMT与企业绩效关系的强度，且差异系数越大TMT特征对企业绩效的解释力度越小，假设H3-3成立。

对于Model2由表5.17可以看出，三组回归都通过了5%的显著性水平，其中任期在8~15年的那一组的R^2值最大，各变量的回归系数除年龄异质性外符号都未发生变化，因此，我们说在CEO不同的任期时间段内，民营企业TMT特征对企业绩效的影响不同，其中在8~15年那一组中，CEO特征对企业绩效差异的解释力度最大，假设H3-5成立。在任期中间那一组中，年龄异质性的符号发生了改变，且该系数较显著，说明CEO在任期8~15年期间，地位和权力已得到了巩固，对企业也较熟悉，决策不再盲目，做事不再冲动，精力较旺盛，但由于经验还不是太丰富，大权独揽的欲望还不是最强，对抗风险的能力有所提高。因此能够利用年龄异质性带来的认知和思维习惯上的差异来提高决策能力，丰富企业资源，进而促进绩效提升。

表5.17　　CEO年龄差异系数和任期调节作用模型的回归结果

变量	Model1			Model2		
	年龄差异程度			CEO任期		
	大	中	小	小于8年	8~15年	15年以上
(Constant)	1.254	1.563	1.563	1.023*	1.168	1.523
LnAage	0.561*	4.237**	6.287*	8.184**	6.713**	6.837**
$(LnAage)^2$	-0.076	-0.565*	-0.845**	-1.103**	-0.895**	-0.914**
Aten	0.018**	0.028**	0.031**	0.039**	0.042**	0.041**
Aedu	0.237**	0.276**	0.301**	0.402**	0.215**	-0.302
Aemb	0.014	0.096	0.085	0.063	0.068	0.094
Afb	0.069*	0.079*	0.091*	0.226	0.083*	0.089*

续表

变量	Model1			Model2		
	年龄差异程度			CEO 任期		
	大	中	小	小于 8 年	8 ~ 15 年	15 年以上
Tsize	1. 151 *	0. 936 **	1. 01 **	1. 82 *	1. 197 **	0. 923
$(Tsize)^2$	-0. 081 **	-0. 072 **	-0. 065 **	-0. 14 **	-0. 082 **	-0. 065 **
Hage	-0. 986	-0. 769	-0. 943	-0. 018 *	0. 136 **	-0. 975
Hten	0. 112	0. 091 *	0. 124 **	0. 118 *	0. 119 **	0. 103
$(Hten)^2$	-0. 207 **	-0. 168 **	-0. 211 **	-0. 213 **	-0. 217 **	-0. 187 **
Hedu	-0. 092	-0. 054	-0. 081	-0. 098 **	-0. 142 **	-0. 077 **
Hmaj	-0. 16	0. 062	0. 078	0. 103	0. 125	0. 975
Hfb	0. 101 *	0. 126 *	0. 115 **	0. 125 **	0. 127 **	0. 100 *
$(Hfb)^2$	-0. 167 **	-0. 203 **	-0. 189 **	-0. 205 **	-0. 205 **	-0. 163 **
R^2	0. 436	0. 524	0. 608	0. 439	0. 675	0. 583
Sig.	0. 045	0. 021	0. 014	0. 017	0. 031	0. 034

注：*，**，*** 分别表示 Sig. 小于 0. 10、0. 05、0. 01。

（2）教育程度和政治背景的调节作用验证，见表 5. 18。

表 5. 18　CEO 教育程度和政府背景对 TMT 特征与企业绩效关系的调节作用

变量	Model3			Model4		
	教育程度			政治背景		
	专科及以下	本科	硕士及以上	无政府背景	地方政府背景	中央政府背景
LnAage	9. 060 *	7. 655 *	7. 250 **	7. 029	6. 849 *	6. 321 *
$(LnAage)^2$	-1. 221 **	-1. 018 *	-0. 976 **	-0. 932 **	-0. 926 **	-0. 843
Aten	0. 042 **	0. 030 **	0. 005 **	0. 031 **	0. 041 **	0. 045 *
Aedu	0. 236	0. 298 **	0. 421 **	0. 258 **	0. 268 **	0. 231 **
Aemb	0. 045	0. 067	0. 094	0. 076	0. 091	0. 087
Afb	0. 207 ***	0. 182 *	0. 172	0. 067 *	0. 071 *	0. 069 *
Tsize	0. 420	0. 869 *	-0. 370 *	0. 884 *	1. 065 **	1. 007 *

续表

变量	Model3			Model4		
	教育程度			政治背景		
	专科及以下	本科	硕士及以上	无政府背景	地方政府背景	中央政府背景
$(Tsize)^2$	-0.03**	-0.069**	0.025**	-0.065**	-0.075**	-0.069**
Hage	-1.025	-1.002	-0.972	-0.925	-0.085	-0.089
Hten	0.115*	0.101*	0.081**	0.118	0.127**	0.113*
$(Hten)^2$	-0.213**	-0.185**	-0.145**	-0.217*	-0.231**	-0.207**
Hedu	-0.107**	-0.153**	-0.083	-0.074**	-0.057*	-0.057*
Hmaj	-0.105	0.123*	0.135*	0.131	0.097	0.097
Hfb	0.200*	0.126*	0.133**	0.103	0.115**	0.098*
$(Hfb)^2$	-0.331	-0.207**	-0.221**	-0.167**	-0.189**	-0.162
R^2	0.325	0.487	0.604	0.425	0.772	0.531
Sig.	0.038	0.042	0.017	0.041	0.022	0.554

注：*，**，*** 分别表示 Sig. 小于0.10、0.05、0.01。

对于CEO的教育程度和政府背景一定程度上反映了CEO认知能力、专业技能以及所掌握的社会资源。本书把CEO的教育程度划分为低、中、高三类，分别对应的学历为专科及以下、本科、硕士及以上。把政府背景划分为无政府背景、地方政府背景、中央政府背景三类。按照上面的方法用SPSS软件对划分的每一组样本进行分别回归。回归结果见表5.18。模型3的三组变量都通过了 F 检验，整体是显著的，每组的 R^2 值并不相同，且相差较大，其中CEO硕士及以上学历的 R^2 值最大达0.604，其次是本科学历，最后是专科及以下。这说明，在CEO不同的教育程度下，TMT特征与企业绩效的解释力度是不同的，学历越高影响越大，因此可以认为CEO的受教育程度对TMT特征与企业绩效的关系起着正向调节作用，假设H3-4成立。在模型4中，CEO无政府背景和地方政府背景的分组回归通过了 F 检验，地方政府的 R^2 值远大于CEO无政府背景的那一组，但CEO的中央政府背景的分组中，回归方程未通过检验。说明CEO的政治背景确实对TMT特征与企业绩效的关系起到了调节作用，但它的正向性未得到证实，假设H3-6不成立。CEO的政治背景作为企业的一种资源，在企业获取贷款、税收等方面的会享受优惠，同时，CEO 的依靠政治背景建立的人脉关系资源，也有利于使企业在技术、人员、资金等方面较容易获得，地方政府工作背景往往也更能接触到与企业发展直接相关的微观经济方面的资源。但这些优势往往只能在当地发挥作用，而相对于地方政府背景，中央政府工作背景未必能使其在企业所在当地容易获得企业发展所必须资源。因此，相对于无政府工作背景和中央政府背景，CEO 的地方政府背景更有利于调节 TMT 特征与绩效的关系。

2. CEO 个性特征的调节作用

本书根据 CEO 的个性中民主和集权的程度，把 CEO 的个性领导方式划分为民主开放式和专权独裁式。根据每个企业 CEO 的个性特征综合评价得分，把平均分低于 2.5 分的定义为专权开放式，高于 2.5 分的定义为民主开放式。CEO 的个性特征对企业绩效关系的影响作用见表 5.19。

表 5.19　CEO 个性特征对 TMT 特征与企业绩效关系的调节作用

变量	Model5	Model6
	民主开放式	专权独裁式
(Constant)	1.213	1.015
LnAage	7.313*	6.876*
$(LnAage)^2$	-0.975**	-0.912
Aten	0.042**	0.035**
Aedu	0.278**	0.175**
Aemb	0.068	0.037
Afb	0.097*	0.086
Tsize	1.022*	0.964*
$(Tsize)^2$	-0.072**	-0.066**
Hage	-0.765	-0.753
Hten	0.115**	0.112*
$(Hten)^2$	-0.212**	-0.205**
Hedu	-0.092**	-0.087
Hmaj	0.112	0.118

续表

变量	Model5	Model6
	民主开放式	专权独裁式
Hfb	0.093**	0.115*
$(Hfb)^2$	-0.154***	-0.189
R^2	0.789	0.512
Sig.	0.013	0.046

注：*，**，***分别表示Sig. 小于0.10、0.05、0.01。

由表5.19的回归结果可知，模型5和模型6都通过了 F 检验，整体是显著的，每组的 R^2 值并不相同，在CEO不同的个性领导方式下，TMT特征对企业绩效差异的解释力度是不同的，对比模型5.3 CEO的民主开放式领导方式对TMT特征与企业绩效的关系整体呈正向调节作用，假设H3-1成立。在模型6中，回归结果与模型5.3和模型6相比，R^2 值较小，且部分变量的回归系数并不显著，这说明CEO的专权独裁式领导方式减弱了TMT整体特征对企业绩效影响的程度，使TMT特征对企业绩效差异的整体解释力度降低，即假设H3-2成立。

5.4.2 环境变量的调节作用检验及分析

第4章的环境不确定性、企业规模、薪酬满意度是本书重点研究的三个情景调节变量。这三个变量分别从外部资源、内部资源及团队运作、激励效应对个体经营努力程度等角度来考虑其对TMT特征与企业绩效关系的调节作用。由于这三个变量非特征的内生变量，为分析出这三种变量对TMT特征与企业绩效关系调节作用发挥的途径，本书采用了分层回归法来充分识别各种调节效应。

(1) 环境不确定性对TMT特征与企业绩效关系的调节作用的检验及分析。根据前面环境不确定性因素的主成分分析、因子得分系数矩阵和公因子的方差贡献率计算出每个企业环境不确定性的综合评价得分，并以此作为环境不确定性大小的评价标准。本书采用了分层回归方法验证环境不确定性对TMT特征与企业绩效关系的影响作用，采用以下步骤，第一步建立TMT特征与企业绩效影响的回归模型4.3，第二步把环境不确定性当作自变量引入模型4.4，第三步再把环境不确定性与TMT特征的交互项作为自变量引入模型。回归结果见表5.20。为了容易对比，我们把模型4.3的回归结果列入了表5.20。

由表5.20可知，模型8的F值是9.87，$p<0.05$，通过了显著性检验；调整后的R^2也有所增加，所以环境不确定性在TMT整体特征与企业绩效的关系中发挥调节作用的观点得到验证支持，假设H3－7成立。通过对回归结果仔细分析，发现环境不确定变量（Uenv）回归系数显著为负，说明环境不确性是个半调节变量，也就是说环境不确性一方面直接影响了企业绩效，另一方面调节了TMT特征与企业绩效的关系。通过观察交互项的回归系数及显著性我们发现环境不确定性与平均受教育水平、年龄异质性、专业背景异质性、职业背景异质性等特征较显著，说明环境不确定性主要是通过调节TMT以上特征与企业绩效的关系来发挥作用。

（2）企业规模对TMT特征与企业绩效关系的调节作用检验及分析。回归方法同环境不确定性。观察表5.20的模型9可以发现，模型9通过了显著性检验；但调整后的R^2减小，企业规模（Lnsize）与自变量的交互项的回归系数都不显著，但企业规模变量的系数显著为正，说明企业规模不是TMT特征与企业绩效关系的调节变量。假设H3－8不成立。前面我们的假设主要建立在企业规模影响了TMT特征与企业组织结构效率及对外部环境快速反应能力的关系上，进而影响企业绩效。但民营企业CEO的作用和泛家族式管理特征，可能严重减弱了企业规模对TMT特征与企业绩效关系的调节作用。因为，企业规模对其影响是一个逐渐的过程，更多地也是一种文化的积淀，但民营企业的灵活性可能会使CEO通过制度等方面的重大变革让这种影响来不及发生，从而使企业规模的负面作用无法产生。企业规模的回归系数在10%的水平上显著，说明企业规模能够直接对企业绩效产生正向影响，但由于系数过小，说明这种影响虽然显著但程度不大。

（3）薪酬满意度的调节作用检验及分析。由表5.20的模型10的回归结果可知，模型10通过了显著性检验；调整后的R^2比模型7增大，说明民营企TMT的薪酬总体满意度对TMT特征与企业绩效的关系起正向调节作用，假设H3－9成立。通过对回归结果仔细分析，发现薪酬满意度（Psat）回归系数为正，但并不显著，而平均受教育程度、人均职业背景、专业背景异质性、职业背景异质性的交互项的系数在10%的水平上显著，说明薪酬满意度调节了以上特征变量与企业绩效的关系。

表 5.20　情景变量对 TMT 特征与企业绩效关系的调节效应分析

变量	Model7	Model8	Model9		Model10	
		环境不确定性	企业规模		薪酬满意度	
LnAage	7.272 **	6.675 *	LnAage	6.488	LnAage	6.703 **
(LnAage)^2	−0.967 **	−0.902 **	LnAage^2	−0.856 **	LnAage^2	−0.931 **
Aten	0.034 **	−0.027	Aten	0.041 **	Aten	0.043 **
Aedu	0.309 **	0.341 **	Aedu	0.213 **	Aedu	0.267 **
Aemb	0.092	0.089 *	Aemb	0.102	Aemb	0.137
Afb	0.089 *	0.096 **	Afb	0.068 *	Afb	0.085 *
Tsize	1.011 **	1.278 *	Tsize	0.926 *	Tsize	1.343 **
(Tsize)^2	−0.071 **	−0.094 **	Tsize^2	−0.065 **	Tsize2	−0.092 **
Hage	−0.986	0.049 *	Hage	−0.867	Hage	−0.629 **
Hten	0.114 **	0.121 *	Hten	0.104	Hten	0.101 **
(Hten)^2	−0.207 **	−0.221 **	Hten^2	−0.196 **	Hten^2	−0.187 **
Hedu	−0.087	0.12 *	Hedu	−0.053	Hedu	−0.046
Hmaj	0.105	0.094 **	Hmaj	0.097	Hmaj	0.047
Hfb	0.117 **	0.121 **	Hfb	0.112 *	Hfb	0.116 **
(Hfb)^2	−0.194 **	−0.201 *	Hfb2	−0.187 **	Hfb^2	−0.192 **
Uncenv		−0.213 **	Lnsize	0.06 *	Psat	0.078
Uncenv × LnAage		−0.211 *	LnSize × LnAage	0.207 **	Psat × LnAage	0.103
Uncenv × (LnAage)^2		−0.028	LnSize × (LnAage)^2	−0.131	Psat × (LnAage)^2	−0.094

续表

变量	Model7	Model8	Model9		Model10	
		环境不确定性	企业规模		薪酬满意度	
Uncenv × Aten		-0.086	LnSize × Aten	0.954	Psat × Aten	0.572
Uncenv × Aedu		0.084 **	LnSize × Aedu	0.116	Psat × Aedu	0.859 **
Uncenv × Aemb		0.076	LnSize × Aemb	0.214	Psat × Aemb	0.206
Uncenv × Afb		-0.062	LnSize × Afb	-0.057	Psat × Afb	0.042 **
Uncenv × Tsize		-0.013 *	LnSize × Tsize	0.075 **	Psat × Tsize	0.028
Uncenv × $(Tsize)^2$		0.049	LnSize × $Tsize^2$	-0.098	Psat × $Tsize^2$	0.052
Uncenv × Hage		0.104 **	LnSize × Hage	-0.304	Psat × Hage	-0.285
Uncenv × Hten		0.089 *	LnSize × Hten	0.213 *	Psat × Hten	0.071
Uncenv × $(Hten)^2$		-0.086	LnSize × $Hten^2$	-0.136	Psat × $Hten^2$	-0.167
Uncenv × Hedu		0.105	LnSize × Hedu	0.097	Psat × Hedu	0.102
Uncenv × Hmaj		0.201 *	LnSize × Hmaj	-0.173	Psat × Hmaj	-0.201 *
Uncenv × Hfb		0.128 *	LnSize × Hfb	0.231	Psat × Hfb	0.383 **
Uncenv × $(Hfb)^2$		-0.221 **	LnSize × Hfb^2	-0.201	Psat × Hfb^2	-0.227 **
R^2	0.767	0.781	R^2	0.613	R^2	0.793
Adj. R^2	0.568	0.572	Adj. R^2	0.489	Adj. R^2	0.597
F 值	14.35	9.87	F 值	8.73	F 值	10.27
Sig.	0.005	0.042	Sig.	0.049	Sig.	0.031

注：*，**，*** 分别表示 Sig. 小于 0.10、0.05、0.01。

5.5　实证结果分析和建议

5.5.1　TMT特征平均水平对企业绩效的影响

本书的实证结果显示，民营企业TMT平均年龄和团队规模与企业绩效的倒“U”形关系获得显著支持；平均任期、平均受教育水平、人均职能背景数量与企业绩效的正相关关系也得到样本的检验支持。但民营企业TMT经济管理学方面的专业背景对企业绩效的提高并未获得支持。经济管理学专业背景未获的显著支持的原因可能是在民营企业中，往往更注重生产技术层面的知识，忽视软科学的作用，民营企业的泛家族式管理特征，使其形成一种固有的管理模式，对经管方面的知识无法发挥作用。此外，由于TMT成员大多已有多年的管理经验，对于管理大多依靠自己的经验认识，但民营企业的泛家族成员由于整体素质相对来说偏低，这种经验认知可能会和管理科学不太一致，导致无经管专业背景的高管和有经管专业背景的高管产生认知冲突，泛家族管理特征最后会以家族成员的胜利而告终，所以减弱了经济管理知识背景在民营企业中的作用。

根据以上实证研究结果并结合民营企业的管理模式，本书认为民营企业在组建或调整TMT构成时，应在保持TMT稳定的基础上（即要保证团队平均任期尽量长）通过提高团队的整体受教育水平、保证每个成员具备不同职能部门的工作经历，努力提升TMT的认知水平，从而提高企业绩效。在团队平均年龄方面，应保持团队适当的平均年龄以适应民营企业复杂的动态环境，根据本书样本统计检验的研究结果，样本企业支持TMT的平均年龄控制在41~43岁的范围属于最优范围。此外，过低或过高的团队规模对企业绩效都产生负向影响，本书的研究结果显示样本的团队规模在7人左右达到最优。

5.5.2　TMT特征异质性水平对企业绩效的影响

根据本书的实证分析结果显示，民营企业TMT任期异质性和职业背景的异质性与企业绩效间的倒“U”形关系获得显著支持；受教育水平异质性对企业绩效的负向关系显著成立。而样本的实证结果并不支持TMT年龄异质性对企业绩效的负向作用，专业背景的异质性对企业绩效的正向作用也未获得支持。从前面的分析可知，异质性对企业绩效的影响主要表现在两个方面：一是对战略决策方案的影响；二是对冲突的影响。民营企业TMT年龄异质性的优势并没有发挥出来，这是因为从样本统计分析来看，高管团队平均年龄异质性程度并不大，这在一定程度上弱化了异质性的作用；另外，年龄差异性带来的思维方式、生活习惯、认知水平方面的差异，会使成员之间相互难以理解，导致团队内部沟通不畅，关系冲突加剧。进而影响了信息的交流和团队的有效整合，使年龄的异质性无法发挥应有的作用。而TMT专业背景的异质性对企业绩效的正向影响未获得显著支持的原因，可能是在民营企业中专业背景上的差异会带来较高的团队冲突，导致在决策时分歧过多。专业背景上的差异，导致认知的差异，决策时无法从专业角度判断可选方案的优劣性，导致决策质量和决策速度下降。

根据实证结果，建议民营企业在招聘高管人员时不要一味地追求任职期限和职业背景的丰富度。应该从整个高管团队角度来考虑，使整个TMT的异质性保持在一个合适的水平这样才有利于企业绩效的提高。从学历角度来考虑，虽然团队的平均受教育水平与企业绩效呈正向关系，但若教育水平差异过大也会降低企业绩效。因此，民营企业应逐步提高TMT整体受教育水平，尽量降低学历的异质性。另外，从民营企业TMT异质性特征对企业绩效的影响实证结果观察可推断出，现阶段民营企业的关系冲突仍是影响异质性特征发挥作用的主要障碍，正确处理泛家族式管理和现代化管理之间的关系，对于民营企业TMT异质性特征作用的发挥具有重要的意义。

5.5.3 TMT特征平均水平和异质性水平对企业绩效影响的对比分析

对比表5.6、表5.11、表5.13可以发现，民营企业异质性特征对企业绩效的解释力度要大于特征平均水平，TMT特征平均水平和异质性水平对企业绩效的综合作用模型对企业绩效的解释力度远大于单一模型。这说明TMT特征平均水平和特征异质性特征作为共生变量，它们的共同作用对企业绩效产生着重要的影响。因此，在组建高管团队时，一方面要提高团队整体的认知水平，但一定不要忽视团队异质性对企业绩效的影响，要使团队的异质性水平保持在一个合适的水平。

5.5.4 调节变量的作用分析

本书的实证结果表明民营企业CEO的个性特征和部分人口统计特征对TMT特征与企业绩效的关系起到了调节作用。

（1）CEO的民主开放式领导方式正向调节TMT特征水平与企业绩效的关系，而专权独裁式对TMT特征水平与企业绩效都起了负向调节作用。这是因为CEO的民主开放式领导有利于团队间的沟通与交流，促进团队的自学习能力，激发团队成员的工作热情，进而提高企业绩效。从民营企业的发展阶段来看，经过40年的改革开放，由依靠创业者的胆量和勇气的粗放式发展和一言堂式管理方式逐渐过渡到当前的规范化、科学化和精细化管理。随着管理方式的转变，民营企业的发展对企业家提出了更感到要求，民主式的管理方式更有利于发挥下属的工作激情，取得更好的绩效。而独裁式的管理方式容易形成一言堂，降低了决策的质量。

（2）CEO年龄与TMT年龄的差异程度的负向调节作用得到了证实。但这与国外的研究结论并不完全一致。Tsui等（1995）研究得出的当上司年龄大于下属等符合社会规范的人口特征差异出现时，将会产生积极效果，也即年长的CEO领导年轻的下属时更有利于提高绩效（Liden et al.，1996）。这是因为在当前中国民营企业还处于社会转型之中，无论是在社会层面还是在企业层面都处于不断变革之中。企业面临的不确定性因素过多，其发展更多地受到高管团队的认知能力、创新精神、机会把握能力的影响。CEO与团队成员间的年龄相似性更容易达成共识。而当CEO年龄与高管团队差异过大时，伴随着我国经济开放程度的逐渐加深，世界经济一体化的加剧以及互联网+的快速兴起，导致CEO和高管团队间“代沟”的存在，更容易引起冲突，影响企业绩效。

（3）CEO受教育程度的正向调节作用在本书也得到了证实。根据相似吸引理论，CEO的受教育程度越高，意味着专业知识越强，越容易受到高管团队成员的尊敬，减少了团队冲突，增强了决策的科学性。

（4）CEO的任期对TMT特征与企业绩效关系的强度的调节作用在本书也得到样本的显著支持。CEO的任期过长，使CEO过于相信自己的能力，忽视高管团队的集体力量，容易导致一言堂式的家族式管理方式，使高管团队的作用发挥受到影响。若CEO任期过短，相对来说认知能力也会较低，再加上在我国的传统文化影响下，CEO可能会更加注意自己的权威，从而影响高管团队作用的发挥。

(5) CEO 的政治背景的正向调节作用并未得到实证证实。实证结果显示，CEO 的地方政府背景更有利于企业绩效的提高，这是因为相对于地方政府背景，中央政府工作背景和无政府背景未必能使其在企业所在地很容易获得企业发展所必需的资源。

由环境不确定性、企业规模、薪酬满意度的调节作用的检验结果可知，环境不确定性一方面直接影响了企业绩效，另一方面通过调节 TMT 平均受教育水平、年龄异质性、专业背景异质性、职业背景异质性等特征与企业绩效的关系来发挥其调节作用。薪酬满意度主要通过调节平均受教育程度、人均职业背景、专业背景异质性、职业背景异质性等特征变量与企业绩效的关系来发挥作用。而企业规模的负向调节作用并未得到样本证实，这可能是因为企业规模对 TMT 特征与企业绩效关系的影响是一个逐渐的过程，更多地也是一种文化的积淀，但民营企业的灵活性可能会使 CEO 通过制度等方面的重大变革让这种影响来不及发生，从而使企业规模的负面作用无法产生。

根据以上关于调节变量对 TMT 特征与企业绩效关系的调节作用的结果汇总和理论解释，本书认为民营企业在民营企业在组建 TMT 团队时，一定要考虑到 CEO 的个人特征对 TMT 特征与企业绩效间关系的调节作用，使高管团队特征尽量与 CEO 的个人特征相匹配。如：若 CEO 是民主开放式领导方式，则需要团队整体水平较高。环境不确定性对 TMT 特征与企业绩效的关系的调节作用是民营企业组建高管团队时需要重点考虑的因素，如在环境不确定程度较高的条件下，应考虑 TMT 成员的学历背景、专业背景及职业背景的异质性水平等因素，使 TMT 特征能够与环境相匹配，从而使 TMT 特征发挥更大作用来提高企业绩效。此外，民营企业的薪酬满意度是一个很重要的调节变量，对 TMT 特征作用的发挥起着非常重要的调节作用。

5.6 本章小结

本章在前面整理的数据基础上，利用多元回归分步对本书的 20 个假设进行了检验分析，并对未得到证实的假设进行了理论解释，假设检验结果情况汇总见表 5.21。

表5.21　　　　假设检验汇总表

变量类型	假设序号	假设内容	检验结果
平均特征变量	H1－1	民营企业TMT平均年龄对企业绩效呈倒“U”形关系	获得支持
	H1－2	TMT的平均任期与企业绩效正相关	获得支持
	H1－3	民营企业TMT接受的平均教育水平与企业绩效呈正向关系	获得支持
	H1－4	民营企业TMT的经济管理学方面的专业背景相较于其他专业教育背景更有利于提高企业绩效。	未获得支持
	H1－5	民营企业TMT人均职能背景数量与企业绩效呈正向关系	获得支持
	H1－6	民营企业TMT规模与企业绩效存在倒“U”形关系	获得支持
异质性特征	H2－1	民营企业TMT的年龄异质性对企业绩效起正向作用	未获得支持
	H2－2	民营企业TMT任期异质性与企业绩效呈倒“U”形关系	获得支持
	H2－3	民营企业TMT教育水平的异质性与企业绩效呈负向关系。	获得支持
	H2－4	民营企业TMT专业背景的异质性与企业绩效正相关	未获得支持
	H2－5	民营企业TMT职业背景的异质性与企业绩效呈倒“U”形关系	获得支持
调节变量	H3－1	TMT平均特征对企业绩效的影响，受到CEO的民主开放式领导行为的正向调节	获得支持
	H3－2	专权独裁式领导负向调节TMT特征对企业绩效的影响	获得支持
	H3－3	CEO与TMT平均年龄差异程度对企业绩效产生负向影响	获得支持
	H3－4	CEO的受教育程度对TMT特征与企业绩效的关系起正向调节作用	获得支持
	H3－5	CEO任期过长或过短降低TMT特征与企业绩效的关系影响强度	获得支持
	H3－6	民营企业CEO的政治背景对TMT特征与企业绩效的关系有正向调节作用	未获得支持
	H3－7	TMT特征对企业绩效的影响，受到企业所处的环境不确定性的调节作用	获得支持
	H3－8	TMT特征对企业绩效的影响受到企业规模的负向调节作用	未获得支持
	H3－9	TMT特征对企业绩效的影响，受薪酬总额满意度和薪酬分配公平满意度的正向调节作用	获得支持

第 6 章

结论、局限性与展望

6.1 研究的主要结论

Hambriek 和 Masson 在 1984 年提出的经典高阶理论作为高层管理团队研究的理论基础，开创了战略领导研究中一个非常重要的流派，但该理论由于是建立在西方完善的政治经济体制之上，关于它的适用性，在学术界引起较大争议。本书在以往研究的基础上，将高阶理论应用到我国民营企业 TMT 特征与企业绩效的关系研究中。我国正处于转轨经济阶段，分析处于这样一种复杂的、动态的环境及独特的东方文化中的民营企业 TMT 特征与企业绩效的关系，无论是对经典的高阶理论还是对组建民营企业都能提供有益的借鉴意义。为此，本书在对我国 176 家企业进行问卷调查分析的基础上，就所关心的问题进行了理论研究，并从多个角度探讨了企业 TMT 特征与企业绩效的关系，得出了本书的研究结论。

（1）民营企业 TMT 平均特征水平对企业绩效影响总体显著，但个别特征变量对企业绩效无显著影响。本书的实证结果表明，民营企业 TMT 平均年龄和团队规模均与企业绩效呈倒“U”形关系，这和国内外不区分企业类型时的主流结论不同；平均任期、平均受教育水平、人均职能背景均与企业绩效的呈正向关系，而 TMT 的经济管理学背景对企业绩效的影响未得到证实。

（2）民营企业 TMT 异质性特征水平对企业绩效影响总体显著。异质性一方面扩大了企业的资源，使 TMT 对企业经营中遇到的问题和内外部环境有更全面更合理的认识，但另一方面也增加了团队的冲突，加剧了 TMT 行为的整合难度，降低了团队运作效率，因此异质性过高或过低都可能会影响到企业绩效。此外，民营企业的泛家族式管理特征决定的威权式领导方式也会影响到 TMT 异质性作用的发挥，本书的实证结果也证明了这一点。从实证分析结果来看，团队任期和职能背景异质性与企业绩效呈倒“U”形关系成立，教育水平异质性对企业绩效的负向作用得到证实，年龄异质性及专业背景异质性对企业绩效的正向作用均未得到证实。因此，老中青结合及一味地追求人才多样化未必是民营企业组建高管团队最好的选择。

（3）民营企业 TMT 的异质性特征对企业绩效差异的解释力度要大于平均特征水平。异质性特征和平均特征对企业绩效的影响程度的对比，虽不是本书的重点，但在本书实证分析过程中发现，民营企业 TMT 的异质性特征对企业绩效差异的解释显著优于平均特征水平。这是因为团队的平均特征水平是认知水平、技术及各种能力和经验的反映，而异质性特征更多地反映了资源的多样化并影响到了平均特征水平的发挥。因此，本书认为异质性特征本身对企业绩效的影响及其对平均特征水平作用发挥的限制是造成民营企业异质性特征对企业绩效差异解释力度优于平均特征水平的主要原因。

（4）基于理论分析，本书认为环境不确定性是民营企业 TMT 特征与企业绩效关系的重要的调节变量。研究结果表明，环境不确定性一方面直接影响了企业绩效，另一方面在 TMT 与企业绩效的关系中起到了重要的调节作用。环境不确定性分别与 TMT 平均教育水平、年龄异质性、专业背景异质性、职业背景异质性特征的交互作用在相应的特征对企业绩效的影响中起着正向调节作用。

（5）薪酬作为民营企业最重要的激励因素，影响了 TMT 成员的工作努力程度，薪酬满意度是对薪酬的总体评价。本书的研究结果表明，民营企业 TMT 对薪酬的满意度评价影响了 TMT 特征与企业绩效之间的关系。其中 TMT 平均教育水平、人均职能背景数量、专业背景异质性、职业背景异质性与薪酬满意度的交互作用在各自对企业绩效的影响中产生了正向的调节作用。

（6）民营企业 CEO 的个人特征对 TMT 特征与企业绩效的关系起着调节作用。研究结果显示：CEO 与 TMT 的年龄差异程度对 TMT 特征与企业绩效的关系起负向调节作用，差异程度越大，TMT 特征对企业绩效的解释力度越小。CEO 任期在 8 ~ 15 年的 TMT 特征对企业绩效的解释力度最大，小于 5 年的解释力度最小。CEO 的受教育程度对 TMT 特征与企业绩效的关系起着显著的正向调节作用。CEO 地方政府背景对 TMT 特征与企业绩效的关系正向影响最大。

以上结论可以为我国民营企业组建 TMT 团队提供较好的理论指导。

6.2 研究的局限性

经典的高层管理理论由于在应用范围和条件上受到诸多的限制，目前在我国尚未形成完整的、有效的、符合我国经济转型环境的高管理论可以直接应用，尚有大量的问题值得深入探讨和研究，同时，受到时间和经费的限制，本书研究在设计和分析过程中存在着以下一些不足之处，需要在未来研究中加以改善。

（1）调查问卷设计的局限性。调查测量项设计借鉴中外学者关于相关企业研究结果，并通过预测试获得测量题项，可能没有全面归纳出与企业绩效有关的 TMT 特征的所有影响因素。同时，受精力和研究条件的限制，问卷调查数据均来自于同一时段，采用横断面的研究设计而没有采用纵向调研设计。又高层管理团队的特征对企业绩效的影响有明显的滞后效应，特别是团队的异质性需要较长的时间来显现出来，这使得本书研究结果在一定程度上受到了时间的限制。

（2）调查数据准确性受到限制。本书有关高管团队人口特征、企业绩效、环境不确定性、薪酬满意度等的数据都是来自于问卷调查，一部分被访者可能由于对问卷的不重视、不了解，在回答问卷时有偏离实际情况的倾向，可能会使数据的真实性和准确性存在一定的疑问。

（3）本书是基于民营企业的 TMT 特征对企业绩效影响的研究的初步尝试，在研究 TMT 特征与企业绩效关系时，缺乏横向比较不同行业之间的差别，调节变量的全面性和深入性、模型建构方面难免存在不尽完善之处。

6.3 未来研究展望

未来研究应该重点关注以下问题。

（1）在研究 TMT 特征与企业绩效的关系时，没有横向比较不同行业之间的差别，未来可针对不同行业进行研究，找出行业背景下各变量之间的一些特殊关系。

（2）研究民营企业 TMT 的特征与企业战略的关系。企业高层管理团队的特征影响了企业战略的制订、选择、实施和改变。今后的研究可深入探讨高层管理团队的特征，包括团队的人口背景特征和异质性与企业战略的制订、选择及变革之间的关系。国外已对此进行了非常充分的研究，但还没有将这种研究拓展到不同的地区和不同的经济环境中。

（3）没有直接探讨民营企业 TMT 的认知多样性和文化多样性对企业绩效的影响，而实际上有可能这两者对企业绩效的作用更直接，但存在如何准确测量的问题。今后的研究可对此进行深入的探讨，特别是文化多样性，随着我国市场的开放，企业不可避免地要参与国际市场的竞争，在这个过程中，我国企业的高层管理团队中具有不同文化背景的成员将增多，这包括了在西方文化背景下培养出来的中国经理人与在我国传统文化熏陶下成长起来的管理者，文化的冲突将不可避免。因此，研究团队文化多样性具有很好的理论价值和现实意义。

（4）只进行统计分析，缺乏个案深度剖析。考虑到 TMT 特征及企业绩效的隐私性，在今后研究中，应尽可能采用选择性案例研究，对合适的案例采取深入的实地研究，进一步剖析和验证本书的一些命题和结论。同时，以不同的数据来源，研究分析 TMT 的特征与企业绩效的关系。只有通过多个典型案例研究，对实证结果进行再检验，才能使理论研究更扎实。因此，积累和剖析相关典型案例，检验相关命题和结论，是本书下一步的又一工作重点。

附录　民营企业高管团队特征对企业绩效影响因素调查问卷

您好，请原谅打扰了您的休息和工作！非常感谢您参与本次问卷调查！

本次调查是河海大学商学院博士研究生进行的一项研究，调查问卷内容涉及博士研究生论文的一部分，问卷的填写和结果的使用不会对您本人和您的工作产生任何影响。本问卷的目的在于调研民营企业高管团队特征对企业绩效的影响，为民营企业高层管理团队领域的研究提供数据支持，您的回答对我们的研究非常重要，烦请您在百忙之中抽空填写。

本问卷纯属学术研究，不会涉及贵公司的任何商业机密，所获信息用于博士学位论文研究，请您如实填写。

再次感谢您的支持！

填 写 说 明

1. 调查初始问卷采用半开放式形式，您可以填写您认为与本研究有关的任何问题，我们将对您填写的问题给予认真地考虑。

2. 调查最终问卷采用封闭式问题形式，每个问题包括多项选择答案，请在您认为合理的选项前面的“□”打“√”。

3. 您认为可能涉及您个人和贵公司商业秘密的问题可以不作回答，对于1/5 以上问题没有回答的问卷作无效问卷处理。

个人基本信息

【填写说明】除基本信息需要填写外，请在您认为合理的选项前面的“□”中打“√”；如果填写电子版，请将您认为合理的选项颜色改为绿色。

姓名（可不填）：________，本人在组织中所处职位（职称）：________

年龄________，您在本公司担任高层管理人员任期时间：________年

联系电话（或 Email）：________，您所在公司高层管理团队规模：________人

1. 性别

□男　　　□女

2. 文化程度

□博士　□硕士　□本科　□专科　□中专及以下

3. 您最高学历的专业领域

□经济学　□管理理学　□法律类　□理学　□工学　□农学

□哲学　□文学　□历史学　□教育学　□军事学　□医学

□其他

4. 您曾经在以下哪个部门工作过（可多选）

□销售部　□市场部　□售后服务部　□产品研发部　□生产部

□行政部　□会计部　□采购部　□法律部　□融资部

其他部门（请填写您工作过的非上述部门）

5. 您从事本行业的年限

□5 年以下　□5～10 年　□10～15 年　□15～25 年　□25 年以上

6. 您所具有的政治背景类别（仅 CEO 填写此项）

□中央政府（包括全国人大代表）

□地方政府（包括县级及以上人大代表）

□无政府部门工作经历

7. 您所任职企业类别

□制造类企业　□建筑类企业　□物流类企业　□信息技术类企业

□批发零售类企业　□房地产类企业　□服务类企业　□其他

8. 在仅用于学术研究并且承诺的情况下，向您咨询有关公司和个人信息时，您愿意提供吗？

□非常愿意　□愿意　□不很愿意　□不愿意　□没有考虑

调查问卷一　企业绩效调查问卷

为了全面地度量企业的绩效，本书借鉴 Kahandwalla（1976），Man（2001）及贺小刚（2006）等专家学者对企业绩效的研究成果，结合民营企业运营实际情况，将企业绩效分为财务绩效和非财务绩效，并设计出财务绩效和非财务绩效与同行业相比的具体测量题项，请根据您对测量题项的理解和预测，按照实际情况选出您认为合理的选项。在您认为符合企业绩效测量题项的合理量化值前面的“□”中打“√”。其中，1～5 表示本公司企业绩效指标与同行业相比所处的位置，从“明显较低”到“明显较高”，具体量化值如下：1——明显较低，2——稍微较低，3——差不多，4——稍微较高，5——明显较高。

序号	企业绩效指标描述	量化值
1	本企业税后总资产回报率与同行业相比	□1　□2　□3　□4　□5
2	本企业税后销售回报率与同行业相比	□1　□2　□3　□4　□5
3	本企业投资回报率与同行业相比	□1　□2　□3　□4　□5
4	本企业净利润率与同行业相比	□1　□2　□3　□4　□5
5	本企业创整体市场竞争力与同行业相比	□1　□2　□3　□4　□5
6	本企业销售增长率与同行业相比	□1　□2　□3　□4　□5
7	本企业市场占有率与同行业相比	□1　□2　□3　□4　□5
8	本企业市场满意率与同行业相比	□1　□2　□3　□4　□5

调查问卷二　CEO 个性层面的变量调查问卷

CEO 个性层面的变量调查问卷是在综合已有的文献基础上，将 CEO 个性特征分为民主开放式、中间式和专权独裁式领导行为，采用 Likert 的五点量表进行测量，各题项的选项题号即为量表得分值，请您在认为合适的题项前面的“□”中打“√”（此项问卷由非 CEO 高管人员填写）。得分大于 3 分，为民主开放式领导方式；得分低于 2 分为专权独裁式领导方式；得分介于 2 ~ 3，表示介于民主和专制之间。

1. 您认为公司重大战略决策 CEO 是否让高管全部参与制定？

□从不让参与

□偶尔让参与讨论，但并不尊重下属意见

□时常让参加，允许参与讨论

□除个别情况外必须参加，且都得发表意见

□必须全体参加，并经充分讨论，协商作出决策

2. 您认为 CEO 敢让部下做超过自己能力的工作吗？

□始终那样做　□往往那样做　□有时那样做

□偶尔那样做　□不那样做

3. 您认为高管决定的事不论巨细必须向 CEO 请示报告吗？

□必须请示报告　　□除个别情况外必须请示报告　□要求时常报告

□要求偶尔请示报告　□不报告也可以

4. 您认为当没有取得预期成果时 CEO 会给予严厉批评吗？

□总是那样做　　□基本上是那样做　　□有时那样做

□偶尔也那样做　□可以说没有那样做

5. 当您与 CEO 的意见不一致时 CEO 允许你辩解吗？

□根本不允许辩解　□偶尔允许辩解　□基本上可以辩解

□有时允许辩解　　□总是允许辩解

6. 与 CEO 一起工作时，你感觉很有压力吗？

□始终如此　□多半如此　□有时如此　□偶尔如此　□从没如此

7. 您认为即使很小的差错，CEO 也要严厉地查明责任吗？

□始终如此　□基本如此　□有时如此　□偶尔如此　□不这样做

调查问卷三 薪酬满意度调查问卷

薪酬虽然大多内生于企业制度，但民营企业高管人员的薪酬一般是由CEO口头和制度双因素决定的。薪酬总额和薪酬分配公平满意度影响了TMT的工作努力程度，进而影响企业绩效。薪酬满意度调查问卷采用Likert五点量表进行测量，此项问卷由被调查企业高层管理人员填写，1表示非常不满意，5表示非常满意，1~5分别表示薪酬满意度从非常不满意到非常满意。具体量化值如下：1——非常不满意，2——不满意，3——基本满意，4——满意，5——非常满意。

序号	薪酬满意度指标描述	量化值
1	您对目前薪资总额水平满意程度	□1 □2 □3 □4 □5
2	与同行业类似职位的管理者相比，您对目前薪资总额水平满意程度	□1 □2 □3 □4 □5
3	您对自己的努力付出与得到的工资数额之间的公平满意程度	□1 □2 □3 □4 □5
4	与公司内其他管理者相比，您对您的付出与得到的回报的满意程度	□1 □2 □3 □4 □5
5	您对公司薪酬分配水平的总体满意程度	□1 □2 □3 □4 □5

调查问卷四 环境不确定性调查问卷

为了全面地度量企业的绩效，在综合已有的文献基础上，将民营企业面临环境的不确定性分为经济环境（经济结构、经济政策和货币政策）、政策环境（产业政策、环保政策）、市场环境（信息环境、市场竞争环境、市场进入与退出壁垒）和技术环境（技术的先进性、技术的易模仿性、专利保护）四个维度。本书采用 Likert 五点量表进行测量，此项问卷由被调查企业高层管理人员填写，1 表示环境不确定性最“低”，5 表示环境不确定性最“高”，1 到 5 分别表示环境不确定性从最低到最高水平。具体量化值如下：1——环境不确定性很低，2——环境不确定性较低，3——环境不确定性中等，4——环境不确定性较高，5——环境不确定性很高。

序号	环境的不确定性指标描述	量化值
1	经济结构不合理可能导致的环境不确定性程度	□1　□2　□3　□4　□5
2	经济政策变动可能导致的环境不确定性程度	□1　□2　□3　□4　□5
3	货币政策变动可能导致的环境不确定性程度	□1　□2　□3　□4　□5
4	产业政策变动可能导致的环境不确定性程度	□1　□2　□3　□4　□5
5	环保政策变动可能导致的环境不确定性程度	□1　□2　□3　□4　□5
6	信息环境不确定性可能导致的环境不确定性程度	□1　□2　□3　□4　□5
7	市场竞争环境快速变化可能导致的环境不确定性程度	□1　□2　□3　□4　□5
8	市场进入与退出壁垒较高可能导致环境不确定性程度	□1　□2　□3　□4　□5
9	技术的先进性不高可能导致的环境不确定性程度	□1　□2　□3　□4　□5
10	技术的易模仿性较低可能导致的环境不确定性程度	□1　□2　□3　□4　□5
11	专利保护政策变动可能导致的环境不确定性程度	□1　□2　□3　□4　□5

参考文献

[1] 毕鹏程．领导风格对群体决策过程及结果的影响［J］．经济管理，2010，32（2）：80－84.

[2] 陈传明，孙俊华．企业家人口背景特征与多元化战略选择［J］．管理世界，2008（5）：124－133.

[3] 陈国权，周为，蒋璐，等．中国企业团队领导行为、学习能力与绩效关系的实证研究［J］．科学学与科学技术管理，2009（4）：181－187.

[4] 陈璐，杨百寅，井润田，王国锋．家长式领导、冲突与高管团队战略决策效果的关系研究［J］．南开管理评论，2010，13（5）：4－11.

[5] 陈伟民．高管层团队人口特征与公司业绩关系的实证研究［J］．南京邮电大学学报（社会科学版），2007，9（1）：23－27.

[6] 陈晓红，赵可．团队冲突、冲突管理与绩效关系的实证研究［J］．南开管理评论，2010，13（5）：31－35.

[7] 陈晓红，张泽京，曾江洪．中国中小上市公司高管素质与公司成长性的实证分析［J］．管理现代化，2006（3）：7－10.

[8] 陈旭．团队领导对团队效能的影响机理研究［J］．科研管理，2006，27（4）：138－141.

[9] 陈云．企业高层管理团队冲突研究［D］．武汉：武汉理工大学，2008.

[10] 成瑾，白海青．从文化视角观察高管团队行为整合［J］．南开管理评论，2013，16（1）：149－160.

[11] 崔明，鲁珍珍，黄越慈．国有企业与民营企业文化的差异及影响因素研究［J］．华东经济管理，2009，23（2）：113－115.

[12] 崔松，胡蓓．高层管理团队研究的不足与前瞻［J］．华东经济管理，2007，21（6）：124－131.

[13] ［美］戴维·J. 弗里切．商业伦理学［M］．杨斌，等译．北京：机械工业出版社，1999.

[14] 杜胜利，翟艳玲．总经理年度报酬决定因素的实证分析——以我国上市公司为例．管理世界，2005 (8)：114-120.

[15] 冯飞，张永生，张定胜．企业绩效与产权制度——对重庆钢铁集团的案例研究 [J]．管理世界，2006 (4)：130-138.

[16] 冯锋．文化归属与企业决策模式的选择 [J]．软科学，2001，15 (5)：43-52.

[17] 高雷，宋顺林．高管人员持股与企业绩效 [J]．财经研究，2007 (3)：134-143.

[18] 何威风．高管团队垂直对特征与企业盈余管理行为研究 [J]．南开管理评论，2015，18 (1)：141-145.

[19] 贺远琼，田志龙，陈昀．环境不确定性、企业高层管理者社会资本与企业绩效关系的实证研究 [J]．管理学报，2008，5 (3)：432-429.

[20] 贺远琼，杨文，陈昀．基于 Meta 分析的高管团队特征与企业绩效关系研究 [J]．软科学，2009，23 (1)：12-16.

[21] 贺远琼，陈昀．不确定环境中高管团队规模与企业绩效关系的实证研究 [J]．科学学与科学技术管理，2009 (2)：123-128.

[22] 胡蓓，古家军．企业高层管理团队特征对战略决策的影响 [J]．工业工程与管理，2007 (5)：89-94.

[23] 胡旭阳．民营企业家的政治身份与民营企业的融资便利——以浙江省民营百强企业为例 [J]．管理世界，2006 (6)：107-113.

[24] 季晓芬．团队沟通对团队知识共享的作用机制研究 [D]．杭州：浙江大学，2008.

[25] 焦长勇，项保华．企业高层管理团队特性及构建研究 [J]．自然辩证法通讯，2003，25 (144)：57-62.

[26] 鞠芳辉．民营企业变革型、家长型领导行为对企业绩效的影响研究 [D]．杭州：浙江大学，2007.

[27] 郎淳刚，席酉民，郭士伊．团队内冲突对团队决策质量和满意度影响的实证研究 [J]．管理评论，2007，19 (7)：10-15.

[28] 李焕荣，张晓芹．民营企业高层管理团队冲突和谐管理模型研究 [J]．工业技术经济，2007，26 (8)：120-123.

[29] 李金早．CEO 任期与企业绩效的实证研究 [D]．上海：复旦大学，2008.

[30] 李维安，李汉军．股权结构、高管持股与公司绩效——来自民营

上市公司的证据［J］. 南开管理评论，2006（5）：4－10.

［31］李文明，赵曙明．民营企业高层团队和谐整合模式研究［J］. 预测，2005，24（2）：1－5.

［32］李文明，赵曙明．基于“3C”模型的企业高层团队不和谐态探因［J］. 中国人力资源开发，2004（11）：12－15.

［33］李小宁．组织激励［M］. 北京：北京航空航天大学出版社，2005.

［34］李杨．国有企业和民营企业运行机制的差异研究［J］. 湖南商学院学报，2004，11（5）：60－62.

［35］李玉刚．企业战略管理行为研究［D］. 北京：中国农业大学，2000.

［36］林浚清等．高管团队内薪酬差距、公司绩效和治理结构［J］. 经济研究，2003（4）：31－39.

［37］林新奇，蒋瑞．高层管理团队特征与企业财务绩效关系的实证研究［J］. 浙江大学学报（人文社会科学版），2011（4）：1－8.

［38］刘海山，孙海法．CEO 个性对民企高管团队组成与运作的影响［J］. 企业经济，2008（5）：86－90.

［39］刘海山．高层管理团队的冲突研究［J］. 现代管理科学，2008（10）：47－48.

［40］刘少杰．以行动与结构互动为基础的社会资本研究［J］. 国外社会科学，2004（2）：21－28.

［41］刘枭．组织支持—组织激励—员工行为与研发团队创新绩效的作用机理研究［D］. 杭州：浙江大学，2011.

［42］刘正周．管理激励与激励机制［J］. 管理世界，1996（5）：213－215.

［43］柳青．基于关系导向的新企业团队异质性与绩效：团队冲突的中介作用［D］. 长春：吉林大学，2010.

［44］芦慧，柯江林．高层管理团队理论研究综述［J］. 科技进步与对策，2010，27（1）：155－160.

［45］陆庆平．企业绩效评价新论——基于利益相关者视角的研究［D］. 大连：东北财经大学，2006.

［46］路一鸣，王亚刚．管理行为的资源属性研究［J］. 情报杂志，2010，30（4）：5－9.

[47] 罗党论，黄琼宇．民营企业的政治关系与企业价值［J］．管理科学，2008，21（6）：21－28.

[48] 罗党论，唐清泉．中国民营上市公司制度环境与绩效问题研究［J］．经济研究，2009（2）：106－118.

[49] 马可一．民营企业高管团队信任模式演变与绩效机制研究［D］．杭州：浙江大学，2005.

[50] 缪小明，李森．科技型企业家人力资本与企业成长性研究［J］．科学学与科学技术管理，2006（2）：126－131.

[51] 潘镇，鲁明泓．中小企业绩效的决定因素——一项对426家企业的实证研究［J］．南开管理评论，2005，8（3）：54－59.

[52] 彭贺．人为激励研究［M］．上海：格致出版社，2009.

[53] 钱小军，詹晓丽．关于沟通满意度以及影响的因子分析和实证研究［J］．管理评论，2005，17（6）：30－34.

[54] 沈秉勋，凌文辁．团队领导新模式：共享领导［J］．人才资源开发，2009（9）：92－94.

[55]［美］斯坦纳．战略规划［M］．李先柏，译．北京：华夏出版社，2001.

[56] 孙海法，戴水文，童丽．民营企业组织文化价值观的维度［J］．中山大学学报（社会科学版），2012，44（3）：100－105.

[57] 孙海法，刘海山，孙振华．党政、国企与民企高管团队组成和运作过程比较［J］．中山大学学报（社会科学版），2008，48（1）：169－178.

[58] 孙海法，伍晓奕．企业高层管理团队研究的进展［J］．管理学报，2003，6（4）：82－89.

[59] 孙海法，姚振华，严茂胜．高管团队人口统计特征对纺织和信息技术公司经营绩效的影响［J］．南开管理评论，2006，9（6）：61－67.

[60] 孙满．如何应用资源在不同竞争环境下给企业带来竞争优势［J］．商业经济，2011（4）：67－68.

[61] 孙早，刘庆岩．市场环境、企业家能力与企业的绩效表现——转型期中国民营企业绩效表现影响因素的实证研究［J］．南开经济研究，2006（2）：92－104.

[62] 唐少青．国有企业和民营企业经营者行为差异及原因——对株洲市百家企业经营者经营管理行为的调查［J］．湖湘论坛，2002（6）：58－59.

[63] [美] 托马斯·卡明斯，克里斯托夫·沃里．组织发展与变革 [M]．李剑峰，译．北京：清华大学出版社，2003.

[64] 万媛媛，井润田，刘玉焕．中美两国上市公司高管薪酬决定因素比较研究 [J]．管理科学学报，2008 (2)：100－110.

[65] 王柯敬．国有企业经营目标的演进和定位 [J]．中央财经大学学报，2005 (2)：37－42.

[66] 王瑛，官建成，马宁．我国企业高层管理者创新策略与企业绩效之间的关系研究 [J]．管理工程学报，2003，17 (1)：1－6.

[67] 王颖．企业经营者人力资本与企业绩效的关系 [J]．统计与决策，2004 (12)：107－109.

[68] 韦小柯．高层管理团队特征与企业 R&D 投入关系研究 [J]．科学学研究，2006 (24)：553－557.

[69] 魏刚，杨乃鸽．高级管理层激励与经营绩效关系的实证研究 [J]．证券市场导报，2000 (3)：19－29.

[70] 魏刚．高级管理层激励与上市公司经营绩效 [J]．经济研究，2000 (3)：32－39.

[71] 魏立群，黄智慧．我国上市公司高管特征与企业绩效的实证研究 [J]．南开管理评论，2002 (4)：16－22.

[72] 温忠麟，侯杰泰，张雷．调节效应与中介效应的比较和应用 [J]．心理学报，2005 (37)：268－274.

[73] 吴文锋，吴冲锋，刘晓薇．中国民营上市公司高管的政府背景与公司价值 [J]．经济研究，2008 (7)：131－141.

[74] 吴晓求，应展宇．激励机制与资本结构理论与中国实证 [J]．管理世界，2006 (6)：5－14.

[75] 谢科范，陈云，董芹芹．不同类型企业高层管理团队的冲突分析 [J]．科技进步与对策，2007，24 (12)：194－196.

[76] 谢晔，霍国庆，刘丽红，等．团队领导研究的回顾与战网．科学学与科学技术管理，2011，32 (7)：1165－1174.

[77] 熊毅．西方高管团队 (TMT) 研究述评 [J]．现代商业，2009 (29)：152－153.

[78] 许晓明，李金早．CEO 任期与企业绩效关系模型探讨 [J]．外国经济与管理，2007，29 (8)：45－50.

[79] 杨林，芮明杰．高管团队特质、战略变革与企业价值关系的理论

研究［J］. 管理学报，2010，7（12）：1785－1789.

［80］姚树荣. 企业绩效差异根源理论的演变与创新［J］. 价格理论与实践，2003（4）：61－62

［81］姚树荣. 企业绩效差异根源论——来自转型期国有与非国有企业的经验证据［J］. 郑州航空工业管理学院学报，2007，25（2）：30－34.

［82］姚振华，孙海法. 高管团队研究：从资源整合到过程整合［J］. 商业经济与管理，2003（1）：26－36.

［83］姚振华，孙海法. 高管团队组成特征、沟通频率与组织绩效的关系［J］. 软科学，2011，25（6）：64－68.

［84］姚振华，孙海法. 高管团队行为整合的构念和测量：基于行为的视角［J］. 商业经济与管理，2009，218（12）：15－22.

［85］叶笛，林东清. 信息系统开发团队知识整合的影响因素分析——基于相似吸引理论与社会融合的研究视角［J］. 科学学研究，2013，31（5）：711－720.

［86］叶生. 中国民营企业文化现状与发展研究［J］. 中外企业文化，2007（1）：70－72.

［87］尹育航，徐培卿，杨青. 民营企业高管团队三维冲突模型研究［J］. 科技创业月刊，2008（8）：101－103.

［88］余明桂，潘红波. 政治关系、政府干预与民营企业贷款［J］. 管理世界，2008（8）：9－20.

［89］余沿福，劳兰珺. 我国民营企业文化的形成与变革分析［J］. 科技进步与对策，2009，26（22）：124－127.

［90］张必武，石金涛. 国外高管团队人口特征与企业绩效关系研究的新进展［J］. 外国经济与管理，2005，27（6）：17－23.

［91］张大勇，王磊. 民营上市公司高管激励与公司绩效关系的实证研究［J］. 西安电子科技大学学报（社会科学版），2010，20（6）：19－25.

［92］张建君，张志学. 中国民营企业家的政治战略［J］. 管理世界，2005（7）：94－105.

［93］张进华. 高管团队人口特征、社会资本与企业绩效［D］. 武汉：华中科技大学，2010.

［94］张军. 关系：一个初步的经济分析［J］. 世界经济文汇，1995（6）：47－55.

［95］张平. 高层管理团队的异质性与企业绩效的实证研究［J］. 管理

学报，2007，4（4）：501－508.

［96］张平．国外高层管理团队研究综述［J］．科技进步与对策，2006（7）：197－200.

［97］张维迎．企业的企业家——契约理论［M］．上海：上海人民出版社，1995.

［98］张小林，王重鸣．群体绩效和团队效能研究的新进展［J］．应用心理学，1997，3（2）：58－64.

［99］张莹瑞，佐斌．社会认同理论及其发展［J］．心理科学进展，2006，14（3）：475－480.

［100］赵国艮，朱贵平，张顺玲．中西文化个性差异在现代企业管理凸现和融合［J］．现代企业，2007（4）：22－23.

［101］赵伟，韩文秀，罗永泰．基于激励理论的团队机制设计［J］．天津大学学报（社会科学版），1999，1（4）：295－298.

［102］赵锡斌．企业环境研究的几个基本理论问题［J］．武汉大学学报（哲学社会科学版），2004，57（1）：12－17.

［103］郑敏，柏露萍．企业环境与企业绩效分析［J］．商业时代，2009（11）：47－49.

［104］周扬波．人力资本产权与企业绩效的经济学分析［J］．山西财经大学学报，2007，29（3）：78－82.

［105］朱少英，齐二石．团队领导者行为与知识共享绩效关系的实证研究［J］．现代管理科学，2008（8）：14－16.

［106］左晶晶，唐跃军．过度激励与企业业绩——基于边际递减效应和中国上市公司高管团队的研究［J］．产业经济研究，2010（1）：48－56.

［107］Abhishek Srivastava，Hun Lee. *Predicting order and timing of new product moves：the role of top management incorporate entrepreneurship*［J］. *Journal of Business Venturing*，2005（20）：459－481.

［108］Allison P.. *Measures of inequality*［J］. *American Sociological Review*，1978，43（4）：865－880.

［109］Amason A. C.，Sapienza H. J.. *The Effects of Top Management Team Size and Interaction Norms on Cognitive and Affective Conflict*［J］. *Journal of Management*，1997，23（4）：495－516.

［110］Amason A. C.，Schweiger D. M.. *Resolving the Paradox of Conflict，Strategic Decision Making，and Organizational*［J］. *International Journal of Con-*

flict Management, 1994 (5): 239 -253.

[111] AmasonA. C.. *Distinguishing Effects of Functional and Conflicton Strategic Decision Making: Resolving a Paradox for Top Management Teams* [J]. *Academy of Management Journal*, 1996, 39 (1): 123 -148.

[112] Amason, A. C., Sapienza, H. J.. *The Effects of Top Management Team Size and Interaction Norms on Cognitive and Affective Conflict* [J]. *Journal of Management*, 1997, 23 (4): 495 -516.

[113] Anders Edstrom, Jay R., Galbrowth. *Transfer of manager asacoordinati on and control strategy in multi-national organizations* [J]. *Administrative Science Quarterly*, 1977, 22 (2): 248 -263.

[114] Andrews Campbell, Kathleen. *Core Competence-based Strategy* [M]. London: International Thomson Business Press, 1977.

[115] Bantel K. A, Jackson S. E. *Top management and innovations in banking: does the composition of the top team make a difference?* [J]. *Strategic Management Journal*, 1989, 10 (2): 107 -124.

[116] Bazerman, Max H., David F.. *Schoorman A Limited Rationality Model of Interlocking Directorates* [J]. *Academy of Management Review*, 1983, 8 (2): 206.

[117] Bian Yanjie, Soon Ang. *Guanxi Networks and Job Mobility in China and Singapore* [J]. *Social Forces*, 1997, 75 (3): 1007 -1030.

[118] Birley, Westhead.. *New Producer Services Businesses: Are They Any Different From New Manufacturing Ventures?* [J] *Service Industries Journa*l, 1994 (14): 455 -481.

[119] Boone C., Olffen W. V., Witteloostoijn A. V.. *The genesis of top management team diversity: Selective turn over among top management tearns in Dutch Newspaper Publishing* [J]. *Academy of Management Journal*, 2004 (47): 633 -656.

[120] Byrne D, Wong T. J. *Racial prejudice, inter personal attraction, and assumed dissimilarity of attitudes* [J]. *Journal of Abnormal and Social Psychology*, 1962 (65): 246 -253.

[121] Byrne D. *The Attraction Paradigm* [M]. New York: Academic Press, 1971.

[122] Carpenter M. A., Westphal, J. D.. *The impact of director appoint-*

ments on board involvement in strategic decision making [J]. *Academy of Management Journal*, 2001, 44: 639 -660.

[123] Carroll T., Ciscel D.. *The Effects of Regulation on Executive Compensation* [J]. *Review of Economics and Statistics*, 1982 (64): 505 -509.

[124] Carson J. B., Tesluk P. E., Marrone J. A. *Shared Leadership in Teams: An Investigation of Antecedent Conditions and Performance* [J]. *Academy of Management Journal*, 2007, 50 (5): 1217 -1234.

[125] Chase M. A., Lirgg C. D., Feltz D. L. *Docoaches' efficacy expectations for their teams predict team performance* [J]. *The Sports Psychologist*, 1997 (11): 8 -23.

[126] CollIrene, Rakesh B, Louis A, Sambharyya, Tucci. *Top Management Composition, Corporate Ideology, and Firm Performance* [J]. *Management International Review*, 2001 (41): 109 -129.

[127] Collis D. J., Montgomery C. A.. *Competing on Resources: Strategy in the* 1990*s* [J]. *Harvard Business Review*, 1995 (73): 118 -128.

[128] Coser L. A.. *The Functions of Social Conflic*t [M]. New York: Free Press, 1956.

[129] Crocker J., Major B.. *Social stigma and self-esteem: the self-protective properties of stigma* [J]. *Psychological Review*, 1989 (96): 608 -630.

[130] Datta D. K, Rajagopalan N, Zhang Y.. *New CEO openness to change and strategic persistence: the moderating role of industry characteristics* [J]. *British Journal of Management*, 2003, 14 (2): 101 -114.

[131] Dooley, R. S, Fryxell, G. E.. *Attaining Decision Quality and Commitment from Dissent: The Moderating Effects of Loyalty and Competence in Strategic Decision-making teams* [J]. *Academy of Management Journal*, 1999, 42 (4): 389 -402.

[132] Eisenhardt K. M., Schoonhoven C.. *Organizational Growth: Linking Foundation Team, Strategy, Environment, and Growth Among U. S. Semiconductor Ventures*, 1978 - 1988 [J]. *Administration Science Quarterly*, 1990 (35): 504 -529.

[133] Ensley M D, Pearson A, Pearce C L. *Top management team process, shared leadership, and new venture performance: A theoretical model and research agenda* [J]. *Human Resource Management Review*, 2003, 13 (2): 329 -346.

[134] Espedal B.. *Management Development Using Internal or External Resources in Developing Core Competence* [J]. *Human Resource Development Review*, 2005, 4 (2): 136 - 158.

[135] Fiedler F. E. *A Theory of Leadership Effectiveness* [M]. New York: McGraw - Hill, 1967.

[136] Finkelstein S, Hambrick D. C. *Strategic Leadership* [M]. St. Paul: West Publishing Company, 1996.

[137] Finkelstein S. *Power in top management teams: Dimensions, measurement, and validation* [J]. *Academy of Management Journal*, 1992 (35): 505 - 538.

[138] Finkelstein S., Hambrick D. C.. *Strategic leadership: top executives and their effect on organizations* [M]. St. Paul: West Publishing Company, 1996.

[139] Finkelstein S., Hambrick D. C.. *Top management team tenure and organizational out comes: the moderating role of managerial discretion* [J]. *Administrative Science Quarterly*, 1990, 35 (9): 484 - 503.

[140] Flood P. C., Fong Cher - Min, Smith K. G., O'Regan P., Moore S., Morley M.. *Top management teams and pioneering: a resource-based view* [J]. *The International Journal of Human Resource Management*, 1997, 8 (3): 291 - 306.

[141] Folger, Greenberg. *Procedural Justice: An Interpretative Analysis of Personnel Systems* [J]. *Researchin Personnel and Human Resource Management*, 1985 (3): 141 - 183.

[142] Gabarro J. *The Dynamics of Taking Charge* [M]. Boston: Harvard Business School Press, 1987.

[143] Gannon M., Smith K., Grimm C.. *An organizational information-processing profile of first-movers. Working pape*r [C]. University of Mary land at College Park, 1991.

[144] Glueck W. F, Jauch L. R.. *Business Policy and Strategic Management* [M]. New York: McGraw - Hill, 1984.

[145] Green, S. G.. *Examing a Curvilinear Relationship between Communication Frequency and Team Performance in Cross-functional Project Team* [C]. 2003, IEEE trans action on Engineering.

[146] Hambrick DC, Cho TS, Chen M. *The influence of top management team heterogeneity on firm's competitive moves* [J]. *Administrative Science Quarterly*, 1996 (41): 658 -688.

[147] Hambrick D. C. *Upper Echelons Theory: An Update* [J]. *Academy of Management Review*, 2007, 32 (2): 334 -343.

[148] Hambrick D. C.. *Top Management Groups: A Conceptual Integration and Reconsideration of the "Team" Label. In B. M. S. L. L. Cummings* (Ed.) [J]. Research in Organizational Behavior, 1994 (16): 171 -213.

[149] Hambrick D. C, Mason P. A.. *Upper echelons: The organization as are flection of its top managers* [J]. *Academy of Management Review*, 1984 (9): 193 -206.

[150] Hambrick D. C. , Cho T. S. , Chen M. *The influence of top management team heterogeneity on firms competitive moves* [J]. *Administrative Science Quarterly*, 1996 (41): 658 -684.

[151] Hambrick D. C. , D'aveni R. A.. *Top team deterioration as part of the downward spiral of large corporate bankruptcies* [J]. *Management Science*, 1992, 38 (10): 1445 -1466.

[152] Hambrick D. C. , Fukutom iG.. *The Seasons of ACEO's Tenure* [J]. *Academy of Management Review*, 1991, 16 (4): 719 -742.

[153] Hambrick D. G. , Geletkanycz M. A. , Fredrickson J. W.. *Top Executive Commitment to the Status -Quo: Some Tests of Its Determinants* [J]. *Strategic Management Journal*, 1993, 14: (6): 401 -418.

[154] Hambrick, D. C. ; Mason, P. A. Upper Echelons: *The Organization as a Reflection of Its Top Managers* [J]. *Academy of Management Review*, 1984, 9 (2): 193 -206.

[155] Hambrick, D. C. , Chots, Chen M. *The Influence of top management team heterogeneity on Firm's competitive moves* [J]. *Administrative Science Quarterly*, 1996, 41 (4): 658 -684.

[156] Hannan M. T. , Freeman J. *Structural inertia and organizational change* [J]. *Academy of Psychology Rview*, 1984 (49): 149 -164.

[157] Hargie, O. , Tourish, D. &Wilson, N.. *Communication audits and the effects of increased information: A follow-up study* [J]. *The Journal of Business Communication*, 2002 (39): 414 -436.

[158] Hayes R. H. , Abernathy, W. J. *Managing our way to economic decline* [J]. *Harvard Business Review*, 1980, 58 (4): 193 -206.

[159] Hirschey M. , Pappas J. . *Regulatory and Life Cycle Influences on Managerial Incentives* [J]. *Southern Economic Journal*, 1981 (48): 327 -334.

[160] Jehn. Karen A. . *A Multiple Examination of the Benefits and Detriments of Intragroup Conflicts* [J]. *Administrative Science Quarterly*, 1995 (40): 256 -282.

[161] Jablin, F. M. . *Organizational communication: An assimilation approach* [C]. In M. E. Role off&C. R. Bergereds. Social cognition and communication [M]. Beverly Hills, CA: Sage, 1982.

[162] JamesW. Fredrickson. *The comprehensives of strategic decision processes: extension, observations, future directions* [J]. *The Academy of Management Journal*, 1984, 27 (3): 445 -466.

[163] Janssen O. , Vandevliert E. , Veenstra C. . *How Task and Person Conflict Shapethe Role of Positive Interdependence in Management Teams* [J]. *Journal of Management*, 1999, 25 (2): 117 -141.

[164] JehnK. A. . *A Multimethod Examination of the Benefits and Determinants of Intragroup Conflict* [J]. *Administrative Science Quarterly*, 1995, 40 (2): 256 -282.

[165] JehnK. A. . *Intragroup Conflictin Organizations: A Contingency Perspective on the Conflict-outcome Relationship* [J]. *Researchin Organizational Behavior*, 2003 (25): 187 -242.

[166] Jensen, M. C. , Murphy, K. J. . *Performance Payand Top Management Incentives* [J]. *Journal of Political Economy*, 1990 (2): 225 -264.

[167] Kahalas H. , Groves D. G. *A Behavioral Theory of the Firm* [M]. Engelwood Cliffs: Prentice - Hall, 1963.

[168] KangHR, YangHD, RowleyC. *Factors in team effectiveness: cognitive and demographic similarities of software development team members* [J]. *Human Relations*, 2006, 59 (12): 1681 -1710.

[169] Katz R. . *The effects of group longevity on project communication and performance* [J]. *Administrative Science Quarterly*, 1982 (27): 81 -104.

[170] Katz, Kahn. *The Social Psychology of Organization* [M]. New York: Wiley, 1978.

[171] Keck S. L. *Top management team structure: differential effects by environmental context* [J]. *Organization Science*. 1997, 8 (2): 143 -156.

[172] Keynes, J. M. *General Theory of Employment, Interest and Money* [M]. Cambridge: Cambridge University Press, 1936.

[173] Kilduff M, Angelmar R, Mehra A. *Top management-team diversity and firm performance: examining the role of cognitions* [J]. *Organization Science*, 2000, 11 (1): 21 -34.

[174] Kor Y. T. *Experience-based top management team competence and sustained growth* [J]. *Organization Science*, 2003, 14 (6): 707 -719.

[175] Lankau M J, Riordan CM, Thomas CH. *The effects of similarity and liking in formal relationships between mentors and protégés* [J]. *Journal of Vocational Behavior*, 2005, 67 (2): 252 -265.

[176] Lawrence, B. S.. *The black box of organizational demography* [J]. *Organization Science*, 1997, 8 (1): 1 -22.

[177] Leifter, R., Mills, P. K.. *An Information Processing Approach for Deciding upon Control Strategies and Reducing Control Lossin Emerging Organizations* [J]. *Journal of Management*, 1996 (22): 113 -137.

[178] Liden, R. C., Stilwell, D., Ferris, G. R.. *The Effects of Supervisor and Subordinate Ageon Objective Performance and Subjective Performance Ratings* [J]. *Human Relations*, 1996, 49 (3): 327 -347.

[179] LiJ., HambrickD. C. *Factional Groups: A New Vantageon Demographic Faultines, Conflict, and Disintegration in Work Teams* [J]. *Academy of Management Journal*, 2005, 48 (5): 794 -813.

[180] Likert R.. *New Patterns of Management* [M]. NewYork: McGraw - Hill, 1961.

[181] Medina F. A., Munduate L., Dorado D. A., Martinez, I., Guerra, J. M.. *Types of Intragroup Conflict and Affective Reactions* [J]. *Journal of Managerial Psychology*, 2005, 20 (3): 219 -230.

[182] MeGrath J. E, Arrow H, Berdahl J. L.. *The study of groups: past, present, and future* [J]. *Personality and Social Psychology Review*, 2000 (4): 95 -105.

[183] Michel J. G, Hambrick D. C.. *Diver satisfaction posture and top management team characteristics* [J]. *Academy of Management Journal*, 1992, 35

(1): 9 -34.

[184] Miller D. , Droge C. *Psychological and traditional determinants of structure* [J]. *Administrative Science Quarterly*, 1985 (25): 268 -299.

[185] Miller, Cardinal. *Strategic Planning and Firm Performance: A Synthesis of Morethan Two Decades of Research* [J]. *Academy of Management Journal*, 1994, 37 (6): 1649 -1665.

[186] Mintzberg. *The leadership debate with Henry Mintzberg: Communityship is the answer* [N]. Financial Times, 2006 -10 -23.

[187] Morgeson F. P, DeRue D. S, Karam E. P.. *Leadership in teams: functional approach to understanding leadership structures and processes* [J]. *Journal of Management*, 2010, 36 (1): 5 -39.

[188] Murray A. *Top management group heterogeneity and firm performance* [J]. *Strategic Management Journal*, 1989 (10): 125 -141.

[189] O'Reilly C. A. , Caldwell D. F. , Barnett W. P.. *Work group demography, social integration and turnover* [J]. *Administrative Science Quarterly*, 1989, 34 (1): 21 -37.

[190] Olfen W. V. , Boone C. *The confusing state of the art in top management composition studies: A theoretical and empirical review* [D]. Maastricht: University of Maastricht, 1996.

[191] Pearee C. L. , Manz C. C.. *The New Silver Bullets of Leadership: The Importance of Self and shared Leadershipin Knowledge Work* [J]. *Organizational Dynamics*, 2005 (34): 130 -140.

[192] Pecosolido A. T. *Informal leaders and the development of group efficacy* [J]. *Small Group Research*, 2001 (32): 74 -93.

[193] Pelled L. H.. *Demographic diversity, conflict, and work group outcomes: an intervening process theory* [J]. *Organization Science*, 1996, 7 (7): 615 -631.

[194] Pelled, L. H. Eisenhardt, K. M. , Xin. K. R.. *Exploring the black box: An analysis of work group diversity, conflict, and performance* [J]. *Administrative Science Quarterly*, 1999, 44 (1): 1 -28.

[195] Peterson R. S, Smith D. B, Martorana P. V.. *The impact of chief executive officer personality on top management team dynamics: Onemechanismbywhichleadershipaffectsorganizationalperformance* [J]. *Journal of Applied Psychology*,

2003, 88 (5): 795 - 808.

[196] PfefferJ. *Organizational demography* [J]. *Research in Organizational Behavior*, 1983, 5 (2): 299 - 357.

[197] PitcherP., SmithA. D.. *Top management team heterogeneity: personality, power and Proxies* [J]. *Organization Science*, 2001, 12 (1): 1 - 18.

[198] Riordan C. *Relational demography within groups: past developments, contradictions, and new directions* [J]. *Research in Personnel and Human Resources Management*, 2000 (19): 131 - 174.

[199] Shaw M. E. *Group Dynamics: The Psychology of Small Group Behavior* [M]. New York: McGraw - Hill, 1981.

[200] Simons L., Peterson R. S.. *Task Conflict and Relationship Conflict in Top Management Team: The Pivotal Role of lntragroup Trust* [J]. *Journal of Applied Psychology*, 2000, 85 (1): 102 - 111.

[201] Simsek Z., Veiga J. F., Lubatkin M. H., Dino R. N. *Modeling the multilevel determinants of top managementteam behavioral integration* [J]. *Academy of management Journal*, 2005 (48): 69 - 84.

[202] Smith K. G, Smith K. A, O'lian J. D, etc. *Top management team demo graphy and process: the role of social integration and communication* [J]. *Administrative Science Quarterly*, 1994, 39 (3): 412 - 438.

[203] Song J. H. *Diver satisfication strategies and the experiences of top executives in large firms* [J]. *Strategic Management Journal*, 1982, 3 (4): 377 - 379.

[204] Steers, R. M., Mowday, R. T., Shaloiro, D. L.. *Introduction to Special Topic Forum: The Future of Work Motivation Theory* [J]. *Academy of Management Review*, 2004, 29 (3): 379 - 387.

[205] Stephen P. Robbins. *Organizational Behavior* [M]. Engleewood Cliffs: Prentice - Hall, 2001.

[206] Tajfel H.. *Human groups and social categories* [M]. Cambridge: CambridgeUniversityPress, 1981.

[207] Talaulicar T., Grundei J., Werder A.. *Strategic decision making in start-ups: The effect of top management team organization and processer on speed and comprehensiveness* [J]. *Journal of Business Venturing*, 2005 (20): 519 - 541.

[208] Thomas, K. W.. *Conflict and conflict management* [J]. Handbook of Industrial and Organizational Psychology [C]. Palo Alto: Consulting Psychologists Press, 1976.

[209] Tihanyi L., Ellstr, A. E, DailyC. M., DaltonD. R. *Composition of the top management team and firm international diversification* [J]. *Journal of Management*, 2000, 26 (6): 1157 -1177.

[210] TonyS, Pelled LH, Smith KA. *Making use of difference: diversity, debate, and decision comprehensiveness in top management teams* [J]. *Academy of Management Journal*, 1999, 42 (6): 662 -673.

[211] Trui Anne S, Charles A, O'Reiily. *Beyond Simple Demography Effect: The Importance of Relational Demography in Super Subordinate Dyad* [J]. *Academy of Management Journal*, 1989 (32): 402 -423.

[212] Tsui, A. S., Xin, K., Egan, T. D.. *Relational Demography: The Missing Link in Vertical Dyad Linkage* [J]. American Psychological Association, 1995.

[213] UrsulaGlunk, MarielleG. Hei#es, Rene Olie.. *Design characteristics and functioning of top management teams in Europe* [J]. *Europe management journal*, 2001 (19): 291 -300.

[214] VanKleef G, Homan A, Beersma B, . *Searing sentimentorcold calculation? The effects of leader emotional displays on team performance depend on follow erepistemic motivation* [J]. *Academy of Management Journal*, 2009, 52 (3): 562 -580.

[215] Van, A. H., Ferry, D. L. *Measuring and Assessing Organization* [M]. New York: Wiley, 1980.

[216] Venkatram, Ramanujam. *Measurement of Business performance in Strategy Research: A Comparison of Approaches* [J]. *Academy of Management Review*, 1986 (11): 801 -814.

[217] WeickK.. Thesocialpsychologyoforganizing [M]. Cambridge, Addison - Wesley, 1969, 18 -45.

[218] Wernerfelt. *A Resource - Based View of the firm* [J]. *Strategic Management Journal*, 1984 (5): 171 -180.

[219] Wiersema, M. F., Bantel, K. A.. *Top Management Team Demography and Corporate Strategic Change* [J]. *Academy of Management Journal*, 1992,

35 (1): 91 -121.

[220] Williams K. Y. , O'Reilly C. A. . *Demography and diversity in organizations: A review of* 40 *years of research* [J]. *Research in Organizational Behavior*, 1998 (20): 77 -140.

[221] Wooldridge, B. Floyd, S. W. . *The Strategy Process, Middle Management Involvement, and Organizational Performance* [J]. *Strategic Management Journal*, 1990 (11): 231 -241.

[222] Yukl G. . *Leadershipin Organizations* (*5thed.*) [M]. Englewood Cliffs, NJ: Prentice - Hall, 2002.

[223] Zaccaro S. J, Klimoski R. . *The interface of leadership and team process* [J]. *Group & Organization Management*, 2002 (27): 4 -14.

[224] Zaccaro S. J, Rittman A. L, Marks MA. *Team leadership* [J]. *The Leadership Quarterly*, 2001 (12): 451 -483.

[225] Zahra, S. , J. Pearce. *Board of directors and corporate financial performance: A review and integrative mode*l [J]. *Journal of Management*, 1989 (15): 291 -334.